教養的秘密

無效管教 OUT，科學育兒 IN
兒童發展專家王宏哲的新世代教養術

〔全新作者序 15 萬本暢銷版〕

王宏哲／著

二、互動的秘密

三、行為的秘密

四、健康的秘密

五、發展的秘密

六、學習的秘密

父母要先穩住自己，才能接住孩子

　　曾經有一對父母帶著孩子來找我，爸媽很生氣地說：「孩子常常講不聽，而且越講越故意，連學校的老師也常抱怨他沒規矩。」結果這個孩子馬上回嘴：「我哪有講不聽，你們大人自己才沒在聽！」爸爸聽完以後更生氣說：「你再頂嘴試試看，哪有大人聽小孩的話這種道理！」媽媽很無奈的說：「老師你看！就是這種態度，常常都這樣子對父母，是不是我們對他不夠兇才這樣？我們真的不知道該怎麼教了！」

　　後來我問孩子：「你是不是常常覺得爸爸媽媽不聽你說，常常批評你做不好，而且常用很兇的方式在跟你說話？」結果孩子就默默地點點頭。我跟孩子說：「老師知道你不是故意，可是你的表達傳到爸媽眼裡，讓他們覺得你在頂嘴，讓他們覺得你故意不聽，最後會讓大人很生氣，但其實大人的內心也是很難過的，不然他們不會來找老師幫助你。」孩子聽完後點點頭默默不語，似乎聽懂了什麼。

察覺自己困在無效管教裡

我常帶著許多教得很辛苦的父母，在教養孩子前做三個思考練習，第一個練習是：「當我們在教養孩子時，孩子是先接受到你的訊息還是你的情緒？」第二個思考練習是：「你的孩子是否能體會你的內在想法？是感受到你在批評他，還是感受到你希望他變好？」第三個思考練習是：「當孩子一直在犯同樣的錯時，我們是否能體會他當下的感覺？我們是否有好好地引導他找到解決問題的方法？」

其實在教孩子前，做好這三個思考的練習，能幫助自己開始擺脫教不動的窘境，也會進一步了解教養的秘密。每個父母都很努力地在教孩子，要讓自己不這麼累，第一步就是要察覺自己困在無效的管教裡。

給新世代父母的灰臉教養學

這個世代的孩子，是處在一個高IQ但心智晚熟的新世代。很多孩子思考能力都很強，但是講不聽及衝動的行為也很多；很多孩子的知識學習很強，但有時也過度自我，不懂如何與人相處；很多孩子能言善道，但他們的情緒表達能力

卻不好。別太早定義孩子的叛逆行為，不然孩子情緒的反彈會更大，而且你會發現孩子越大就越不肯跟你對話。

有些爸媽來信問我如何跟孩子相處，因為大家都不想總是扮黑臉在教小孩，但偏偏如果不兇一點，孩子都不會聽話；另外也有很多父母問我，如果太順著孩子，會不會又變成一種縱容與溺愛？

教養的鬆緊最難拿捏，在這一個世代的教養，我認為要善用「灰臉教養學」。什麼叫做灰臉教養學？灰色是黑色與白色的混合，所以灰臉教養就是黑臉跟白臉的綜合，這個世代的父母，要同時能給孩子訂規矩及無條件的愛孩子。舉例來說，一個孩子叫爸爸陪他玩玩具，大人在答應孩子之前，要提醒他遵守遊戲的規則及界線。然而孩子會中途賴皮都是正常，因為心智尚未成熟，很多孩子都會玩到過頭或失控，這時候大人的處理態度非常重要。答應陪孩子玩的爸爸，要能堅持當初訂下來的底線，並且有彈性地與孩子溝通，就算孩子有情緒，我們還是要努力地穩住自己，當下要有白臉的教養功能，也要有黑臉的教養功能，堅定地告訴他什麼可以什麼不可以，也告訴他在合理的範圍內都是可以商量的。在

孩子身邊的每個照顧者，都不該只當白臉或只當黑臉，因為這樣教出來的孩子比較不會鑽漏洞，也比較能好好的溝通。

被大人理解的孩子最願意聽

每一個階段的孩子（小至嬰幼兒），其實都很希望大人能理解他們的內在。例如有些孩子會對父母說：「你憑什麼管我？我最討厭爸爸、我最討厭媽媽。」這時候千萬不要玻璃心，因為孩子真正想表達的是，我需要有自主的機會、我需要有溝通的空間、我需要你的關心，不要只在乎我功課做完沒、不要開口閉口就懷疑我沒做好……，孩子其實是討厭被管這些事情，而非討厭父母。如果父母在這時走心，一定會引發更大的親子衝突。

大人先傾聽再表達，孩子會比較願意說，比較不會用情緒回應你。具體的做法可以先聽孩子說，聽完以後再問他一個問題：「你討厭我什麼地方？你不喜歡我管你什麼事情？」把理智線拉回來，不要在斷線的過程做無效溝通，這樣才會讓孩子願意溝通。

先穩住自己的情緒，才能教孩子更多

其實不是大人沒有教，而是孩子聽不進去，所以常常再多的耐心也被磨光。在教孩子時，看起來是我們很生氣孩子不聽話的行為，但教養的秘密是：我們是在氣自己教不好，以及我們是在氣自己沒方法。父母要先穩住自己，才有辦法接住孩子。穩住自己的情緒，改變自己跟孩子的溝通方式，才有辦法接住孩子的情緒，才能看見孩子內在的需要。

《教養的秘密》自從出版以來，能獲得十五萬家庭的熱烈支持，我真的深深感激！我能回報大家的，就是秉持初心，繼續將我的專業及育兒經驗分享給你們。而每週四在「王宏哲教養育兒寶典」粉絲團的教養直播從未間斷，就是想讓大家陪伴孩子也有方法，進而感到育兒的幸福與快樂。

祝福每一位我親愛的朋友——
一起共好，把我們的孩子教得更好～

第一章

教養的秘密

1 小孩還小不用教？長大後會更難教！

我家孩子真難教

剛剛不是才教過他嗎？怎麼一點點小事挫折忍受度就這麼低？

拼圖怎麼這麼難？我不要玩了啦！

王老師的神回覆

大人覺得的小事，
往往是小孩覺得的大事。

主講人：王老師

如果你常來逛我的網站，你一定會知道，我很討厭極端教養派，例如：「小孩還小不用教」這種說法。我會問這樣說的人，那多大才算大？什麼時候可以開始教？不管你是百歲派、親密派，爸媽該有的適當堅持都拿不出來，最後被孩子弄得烏煙瘴氣，就是「逃卡派」。

不知道你有沒有發現，通常會講出小孩還小不用教的人，有兩個特質，第一個是「對孩子百依百順」，第二個是「被孩子吃得死死的」。

教養的力量，能訓練孩子的逆境力

家長都問我，影響孩子人格發展的最重要因素是什麼，我會說：「營造一個有愛的家庭。」家長還會問我，那家庭教育裡，最重要的一課又是什麼？我認為是：「用愛打造親子好情緒。」

前幾天在教室裡，幾個孩子在遊戲，其中一個比不過其他人，於是就自暴自棄，接下來的幾回合再也不參與了；另外有個孩子輸了，覺得真是不公平，於是自己在一旁生悶

氣；還有一個，因為知道可能贏不了，所以開始搗蛋搞破壞，讓大家也別想玩了。

這彷彿是社會的小縮影，爸爸媽媽在一旁看了都很擔心。我認為，孩子會有情緒是正常的，只是他們的出口不對，我們要幫他們導向正途。家的力量，就是用耐心，善用父母的經驗，幫孩子在逆境看到自己的進步；用樂觀，身教孩子正向思考；用包容，提早訓練孩子的挫折容忍度。逆境力，才是給孩子一輩子最受用的禮物。

(逆境教養法一) 堅持度很高、不妥協的孩子

孩子的行為表現是「先天氣質」加「後天教養」的產物，所以，我一路堅持，每個孩子都要提早啟動情緒教育！

有些媽媽和孩子對於挫折的耐受力都很高，更正確的說法，就是你們都不服輸，都喜歡有挑戰，看起來是很棒組合。但如果父母及孩子都各自堅持，經常硬碰硬，應該就相當令人頭痛了吧！對於堅持度高的孩子，媽媽該怎麼教呢？

✳ 對於一連串不同的環境和新事物，你都可以和小孩一起快樂地探索。你的孩子就跟你一樣，可以從不同角度發

現及解決問題，這是相當值得讚許孩子的。

❊ 大人的高堅持比較容易因為外在因素而妥協中斷，我們能有彈性；但高堅持的孩子要被迫中斷時，很容易爆發情緒。 媽媽除了平時教導「過程」比「結果」重要的觀念外，更重要的是「預告」，並且時間應訂在結束前的五至十分鐘，讓孩子能有時間處理「中斷的心情」，這樣的尊重會讓孩子未來處理「中斷」這件事時，情緒上來的速度越來越平緩。

❊ 這類孩子很容易遇到的爆點就是「超乎能力的活動仍堅持要完成」，簡單地說，就是不知天高地厚。例如三歲的孩子堅持要完成五、六歲程度的迷宮遊戲，這時孩子可能就會有情緒，需要大人協助。

或許有家長會問：「要教嗎？明明就太難！」我建議「要教」！但可以分段的方式完成，或利用一些方法簡化難度，但最重要的是約法三章，今天先完成多少，剩下的明天再繼續，或是訂出每天挑戰的時間，爸爸媽媽才不會覺得無時無刻都會被小孩中斷活動喔！

平時可以和孩子多說說你心裡的感受，例如：「媽媽覺得你好認真在寫功課喔！我喜歡你這麼主動的態度，就算沒有一百分也沒有關係喔！」

從小就要灌輸孩子「過程才是重要的，並非結果」的觀念，否則這類孩子很容易成為老要贏、不服輸的個性。

逆境教養法二　很容易就放棄，不願意嘗試的孩子

這類型小孩的媽媽應該會覺得孩子怎麼玩具都只玩一下就放棄，為什麼就不能再堅持一下下呢？或者老是要人家陪玩，遇到困難就有情緒，好煩喔！家有這樣的寶貝該怎麼引導呢？

❋ 觀察並記下孩子開始碰到挫折時的反應。爸媽可以問孩子：「咦！你怎麼在嗚……嗚……，是要抱抱嗎？」，然後快速並輕柔地抱起孩子或給予一些支持回應，這樣做能明顯減少孩子情緒爆發。

千萬別落井下石地說：「怎麼這樣就哭，羞羞臉耶！」沒台階下的結果，你下一秒就會發現崩潰哥。

❋ 給孩子玩結構性玩具時，記得只要先提供其中一部分。例如玩邏輯智慧梯時，只先給孩子兩、三個積木而不是一整組。難度逐漸增加，才能激發這類孩子想挑戰的動機，並增加其耐挫力。

　如果一股腦地全部給孩子，孩子可能看到「數量多」就退縮了。拼圖也是一樣，先從預留最後的三片請孩子完成，再逐漸增加到最後的五片、十片……。

❋ 當孩子在努力時，要給予正向的回應，像是微笑和鼓勵。讚美的話語也要和孩子所做的事情一致，例如：「哇！你好認真的在把這三片拼圖放到對的位置，很棒耶。」

❋ 別老愛和別人的小孩比較，這樣只會讓孩子的堅持度越來越低。也要小心你無心抱怨的言語，這些可都是孩子自信心的殺手呢！

遊戲中讓孩子多幾次休息，轉換心情，也轉移一下注意力。這類孩子需要的是「少量多餐」的遊戲，特別是對孩子而言稍有難度的活動更要如此。

逆境教養法三 爸媽不想順著孩子，但孩子卻無法暫停或中斷

媽媽應該對孩子可以持續做某件事那麼久相當佩服。不過正如前面提到的，在這樣的情況下，孩子更容易只執著在要有成功的結果，如此就會養成凡事要求贏、求第一的心態。

另外，因為高度堅持，若與媽媽的個性有差距，親子遊戲想要玩得久、玩得多變就有些困難，媽媽可以從小對孩子這麼引導：

✳ 讚美孩子努力的過程而非結果。例如對寶寶可以說：「哇，你拿到搖鈴了耶，那我們來搖搖它吧！」強調肢體運用、而不是停留在「拿到遠處物品」這件事。

✳ 由於媽媽的堅持度低，所以孩子因「中斷」而產生情緒

的問題可能更常見。但重點是媽媽可能會不自覺自己的舉動，換尿布時就直接抓起孩子要他躺下，這樣孩子當然會生氣，因為才剛剛開始想要進行挑戰活動呢！這時候「觀察」和「預告」就顯得更重要了，請參考前述的方法。

> 正確觀念　**這類的孩子興趣很容易受限，所以爸爸媽媽應該提供各種不同的活動、光、觸感及聲音，讓孩子玩耍，以拓展他們的興趣。**

逆境教養法四　孩子跟父母一樣，常很容易放棄

　　如果孩子和媽媽一樣，比較不愛有挑戰性的活動，其實並沒有什麼不好，反而是媽媽應該更能同理孩子的情緒表現，也更能引導孩子學習排解遇到挫折的壓力情緒。讓孩子學會面對挫折的疏導和轉移方式，就變得相當重要。

❈ 以同理的方式告訴孩子：「媽媽也不喜歡一次要完成這麼多片拼圖耶，但媽媽喜歡想辦法偷懶，你要不要也試試？」

你可以把挑戰分成幾個不同的部分，並讚美孩子的努力，例如：「四十片的拼圖，我們今天只將右上方十片取下來拼如何？明天再來練其他區域。」等到四個區域都熟練了，再變成分兩個區域⋯⋯。

❋ 提醒孩子，如果開始感到挫折時，媽媽可以幫他做些什麼，讓孩子回復平靜，例如對他說：「你想要抱一下嗎？」。

更重要的是，你要引導孩子學習到受挫時解決問題的策略，很多孩子鬧情緒是因為他不知道該如何解決，這時爸爸媽媽可以說：「我們一起想辦法如何？這樣你下次就知道該怎麼辦囉！」讓孩子學會如何靜下來完成挑戰。

❋ 最後，是確保家中的環境對孩子是安全後，就可讓孩子自由探索。

正確觀念　平時多和孩子說說你自己遇到挫折時的想法，
以及如何排解，並完成挑戰。

親子不同堅持度的教養法

親子不同堅持度	互動結果	教養原則
媽媽高堅持度V.S.孩子高堅持度	親子間硬碰硬。	灌輸孩子「過程才是重要的，並非結果」的觀念。
媽媽高堅持度V.S.孩子低堅持度	孩子會覺得限制太多。	父母別老愛和其他小孩比較。遊戲也要以「少量多餐」的方式進行。
媽媽低堅持度V.S.孩子高堅持度	媽媽拿孩子沒輒。	讚美孩子努力的過程而非結果。
媽媽低堅持度V.S.孩子低堅持度	親子共同學習面對挫折。	告訴孩子，父母可以幫他做什麼，讓孩子回復平靜。

2

「別吵啦！」讓手足相親、化解衝突的幸福教養

我家孩子真難教

王老師的神回覆

你覺得獨生子女和有兄弟姊妹的孩子發展會有差別嗎？過去不少人認為，獨生子女從小就曝露在大人的世界中，可能得到較多父母的注意力；反觀有手足的孩子，從小就必須學會分享，對發展未來的社交生活是有幫助的。但真的是如此嗎？手足對孩子發展的影響真的有這麼重要嗎？

家庭問題常會影響孩子的發展，但研究發現，如果有手足的話，孩子間會互相支持，形成保護傘，家庭問題造成的影響就會減少。近期一項有趣的研究發現，手足數和自己的離婚機率成反比，推測這也是因為手足間會互相支持的緣故。

哥哥姊姊在家中常會扮演起教導弟弟妹妹的角色，能將複雜困難的事情簡單化表達，因此到了學齡階段，哥哥姊姊往往會發展出較佳的語言能力和體會他人想法的能力。

由於手足之間一定會有衝突產生，令他們有獨特的機會去發展了解他人情緒和觀點的能力，並學習處理生氣和解決衝突，因此研究發現，身為弟弟妹妹的孩子，他們對於他人的感受想法總是較敏感，往往能發展出較佳的社交技巧與正

向的同儕關係。

當然有正向影響也會有負向的影響。如果年長的手足本身是有侵略行為的，那麼年幼的手足也會容易產生品行不良等問題。手足衝突在所難免，但如果父母親一直未有效處理，長大後孩子也比較容易會有暴力傾向問題。

手足的地位，是孩子人生中第一個社會地位

在家中的排序會影響孩子的發展。根據研究，不同排序孩子的特徵如下：

一、排行老大

常扮演領導、指導、照顧和幫手的角色，特別是相差四歲以上的孩子，姊姊往往成為小老師、小保母，哥哥則成為模範，可激發弟妹的能力。不過因為先得到較多的關注，所以對於老二的敵意通常較老三、老四來得深，所幸這樣的手足衝突只要爸爸媽媽處理得當，就不會有太大問題。

老大的人格特質比較成就取向、溝通能力佳、愛支配人、展現較高的自我概念，但容易焦慮，在同儕間不像老

二、老三般受歡迎。老大通常較有領導者特質，偏好較高或較有權力的位置，為了維持這個位置，他們也會努力變得聰明，這些種種特質都推斷是因為老大的模仿學習對象都直接來自大人所致。

二、獨生子女

不意外地，他們很多的特質會像老大，因為他們大多數的學習模仿互動對象都是成人，所以相較其他有手足的孩子，往往發展較快、較早熟，智力也相對高；至於成就部分，研究尚未有一致認為排序和成就有一定的關係。

一般認為獨生子女的生活環境欠缺手足，會造成他們比較孤獨、自私等特質，在下一篇文章會有進一步的說明，顯示這個迷思已經被研究推翻了，重點還是在於父母的教養方式。

國內研究則發現，獨生子女的學業失敗容忍力明顯低於非獨生子女，獨生子女的人際問題解決態度也明顯劣於非獨生子女，不過獨生子女所感受到的父母保護行為則顯著高於非獨生子女。

三、排行中間

　　最不受到大人關注，因此較不如老大重視成就，他們轉而追求同儕，找到自己的價值。他們較善於模仿、追隨，通常也比較友善、快樂、處事淡定，某些方面會比較早熟。

四、排行老么

　　在遊戲中常模仿兄姊的語言、表現，因此較會效法同儕，但不太會重視成就，反倒是喜歡引起注意力，喜歡依賴他人解決問題，智力表現也稍弱。不過由於得到了許多的愛和關注，容易學習到分享的意義，所以往往發展出較友善與較溫暖的人格及高自尊特質。

　　看到這裡，你可能會想大聲反駁：「我長大也沒這樣！」沒錯，這是因為影響孩子發展的原因，可歸究於許多層面，尤其是父母的教養態度和環境，所以上述特徵並非絕對，但有助於父母分析不同排行的孩子的心理。例如研究發現，有手足的孩子在幼稚園時期，社交技巧的確比獨生子女來得好；但追蹤也發現，到了青春期他們彼此之間的社交狀況就沒有差異了！

手足間無法事事公平，調停需關鍵五招

　　家裡有超過一個小孩的家庭教養，最大的挑戰乃父母的關愛、注意力被分散，以及衝突的處理。建議爸爸媽媽可以這麼做：

一、不要完全禁止衝突，要公平處理

　　別怕手足間有衝突產生，這是正常的現象。孩子就是要從中學習如何解決衝突，所以爸媽別太早介入，並觀察一下他們的處理方式。如果大的總是讓小的，爸媽應該要提醒小的：「哥哥每次都會讓你，他對你真的好好喔！現在他好想要這個東西，你是否也該尊重他一下呢？」這樣的方法，會讓總是認為你偏愛弟妹的老大，更感受到你的愛；此外，別以為老么還小不用罰，有時候懲罰還是有必要的！

二、每個孩子都要有和爸媽獨處的機會

　　就算是學齡前的孩子，也希望能多和媽咪相處，只是媽咪總被弟妹佔據，所以爸爸或其他家人在此時就變得相當重要。如果其他家人能輪流給予孩子親情的溫暖，將有利於孩

子發展更多正向情緒和社交能力。

三、減少無意間的比較

　　每個孩子都有自己的優缺點，先天氣質不同，不該拿出來比較討論，父母不妨分析孩子的優劣勢，多讚美優勢部分，用優勢去帶動劣勢，而不是用比較的方式去激勵孩子的劣勢，否則很有可能造成反效果。

　　在教導時，也要提醒孩子善用同理心，提醒他在批評手足的缺點時，對方也會很難過，應點到為止。

四、調配時間，關注孩子的學習狀態

　　一旦有手足，父母關注孩子課業的時間必定變少或被瓜分中斷，所以排定時間表很重要，也要決定輕重緩急。其實，每一個孩子都渴望跟家長分享生活的點滴。但有些孩子就是比較不擅言詞，容易被忽略，爸媽如果能安排好時間表，主動關心孩子的交友、學習狀態及心事，孩子不當吸引爸媽關注的行為也會減少。

五、手足年齡差距大，別讓小的恃寵而驕

如果手足差距大，老大其實會有獨生子女的特質，因此在教養上，要注意前面所提的，別讓老大過度在乎大人眼中的成就，而忽略了自己的優勢發展。也別讓小的過度依賴，這樣會降低解決問題的能力。

而且，老大因為心智比較成熟，其實更在意爸媽有沒有關心自己的生活及心情。千萬別過度溺愛小的弟妹，而一直訓練老大去照顧年紀很小的手足。

③ 獨生子女非嬌即縱？教養態度決定性格

上一篇說完如何搞定家中手足戰爭，這篇來談談獨生子女的教養方式。

　　傳統上對獨生子女的迷思，有任性、自私、自我中心、驕縱、孤僻、蠻橫無理等負面的人格特質，以及容易被父母寵壞，較難能與人分享、缺乏社交能力、具攻擊傾向，也有不少適應上的問題等。

　　但近年來，國外有越來越多研究開始挑戰過去對於獨生子女的負面刻板印象，例如：獨生子女智力較高、適應良好、且比非獨生子女成熟。專家推測，這是因為獨生子女和父母的互動關係較為密切，只是獨生子女在同儕之間，還是比較容易成為「不受歡迎」的孩子。反觀有手足的子女，由於從小就是在一個高度競爭下的環境成長，加上成人間總是愛比較這些「小人們」，所以他們在小小年紀就能發展出自己的生存之道，衝突處理能力相對較佳，在同儕關係建立上往往也比較順利。

獨生子女未來受不受歡迎，關鍵在教養

有項研究曾明確指出，父母的教養態度會影響獨生子女的同儕互動行為。例如，父母均為「權威開明型」教養型態，較能教育出「受歡迎」的獨生子女；父母一方若為「寬大嬌寵型」或「忽視冷漠型」教養型態，則易教養出「不受歡迎」的獨生子女。此外，親子互動良好的獨生子女家庭，教養出來的獨生子女較受同儕歡迎。重視孩子同儕關係的獨生子女家長，能教育出「受歡迎」的獨生子女。

由此看來，父母若因想給孩子最好的教育而只生一個孩子，則孩子的同儕互動關係較好；反之，父母若不得已只能生一個孩子，則孩子的同儕互動關係較差。

而國內二○○六年研究獨生子女與非獨生子女雙親的教養態度差異中也發現，孩子所感受到的保護行為越多，學業失敗容忍力越差；孩子所感受到的關懷行為越多，人際問題解決態度越佳。這也證明了，父母的教養態度會深深地影響孩子的問題解決能力和挫折忍受力。

不養出小皇帝、公主病的九大教養法

這樣看來，獨生子女的負面印象，其實是源自於父母的教養態度與方式。家中如果只有一個小孩，難免會因為在爸媽及長輩什麼都給的溺愛之下，成為被寵壞的「慣寶寶」。

疼愛與過度寵愛僅一線之隔，關於獨生子女的教養問題，對於各位爸爸媽媽，我有以下九點建議。

一、有愛，也要有原則

家中要有既定的規範，讓孩子可以遵循，就不會從小即任性妄為，傷害自己或他人。例如：拿爸媽的東西要用借的方式，而不是拿了就走。如此一來，在外才會懂得想要東西時，是要用問、而非用「搶」的方式。

二、提供更多的同儕互動機會

因為缺乏兄弟姊妹，所以許多家長會有錯誤的迷思，認為孩子若要和同儕互動，就應早點送入學校。不過，如果孩子長期以來習慣一個人，一下子進入團體生活（例如幼兒園），反而會不知所措，進而進入自我中心的世界；且在不

知如何交朋友的狀況下，又想要引人注意，可能會經常吵著爸媽買糖果、餅乾和同儕分享，或者是使用攻擊、搶奪、破壞、挑釁、不遵守規則等策略來引起注意。

因此，爸媽應該要讓獨生子女有機會學習社交技巧，可以先從好朋友、好鄰居或兄弟姐妹間的孩子開始互動，從中引導孩子輪流、分享等，看到爸媽自然地與別的孩子互動，孩子也更容易親近其他同儕。

三、父母親的衝突不要將孩子扯進來

因為家中只有三個人，所以爸媽很容易把情緒帶給孩子，如此將帶給孩子偌大壓力。若孩子經常聽到：「你爸爸很討厭耶！有空都不帶你出去玩，只想休息……」諸如此類的負面話語，這種拉攏或挑撥的行為將很容易影響孩子，甚至讓孩子有樣學樣。所以爸爸媽媽請記住，父母之間表現出愛的行為，便可增加孩子的正向情緒及行為表現。

四、孩子會長大，要適時放手

現代的爸媽經常做得太多太快，在幫助孩子的同時，也讓孩子損失學習獨立的機會，尤其獨生子女的家長最容易有

這樣的行為，深怕唯一的孩子不快樂。

反觀有手足的家庭，因為父母注意力被分散，孩子反而比較獨立，有責任感。所以從小訓練孩子生活自理，包括收玩具、摺棉被、做家事，養成分享和自理的習慣，孩子就不會變成家中的「小霸王」。

五、孩子是獨立個體，幫孩子找到自己的強項

獨生子女的特質有點像老大，因為和大人相處時間較長，會去迎合大人而在乎成就感，例如媽媽覺得會彈琴很好，所以得彈琴，藉此找到自己的價值，但這無疑會讓孩子感受到莫名的壓力。

因此，父母從小就該觀察孩子獨特的氣質是什麼，鼓勵孩子朝著其優勢發展，而不是追求大人眼中的成就。例如認為孩子喜歡唱歌、喜歡音樂，所以送孩子去音樂教室學習，但別沒多久就演變成去計較孩子有沒有彈好琴，而不是讚美孩子唱歌的表現越來越好。

六、家人教養態度一致，親師充分溝通

這是教養守則中最基本的原則。除此之外，最需強調的

是同理心的部分，因為獨生子女互動的對象多是成人，所以在同理心的建立上，建議照顧者要多花些時間。

以繪本為例，爸媽應該模仿更多書中人物的情緒表現，引導孩子思考在遇到事情時該如何處理，並利用更多機會讓孩子看圖說故事。而平時爸媽也該適時說出自己的內心感受，和孩子進行有意義的溝通，進而建立孩子的同理心。

七、爸媽相處就是孩子最好的鏡子

因為欠缺手足，所以很多的社交紛爭處理溝通方式，孩子無法從小、也無法頻繁地演練學習，因此大人就是孩子最佳的學習典範，尤其是爸媽相處的模式。高EQ地處理夫妻間偶爾的摩擦是很重要的。

八、父母都太快出手幫孩子了

記得我們前面提的研究結果嗎？獨生子女感受到被雙親保護的行為較多，而這種因愧疚產生的過多保護行為，讓孩子學業失敗容忍力越差；且學業失敗容忍力越差，孩子所表現出來的人際問題解決態度也會越差，於是就進入一個惡性循環裡。

當孩子遇到問題時，要教導的是思考的能力，而不是直接幫他做比較快。像我有個朋友，孩子在校的人際關係不好，他就真的常常買小禮物或餅乾糖果，讓孩子帶去學校分享，想藉此提高人際關係，結果孩子私下和同儕的社交衝突依然不斷，且孩子也變成一個比同儕更重視物質的孩子。

九、當個理性的聆聽者

獨生子女沒有手足可以互相支持，所以當孩子有挫折、失敗時，大人的角色就必須擔負起支持及理性分析的角色。這不代表當孩子考試表現不好時，你不能表示失望，只是更重要的是要讓孩子知道你相信他會繼續努力，而且你也會支持孩子，一同分析問題，找到原因。

有時候，不要一直打斷孩子的表達，協助孩子整理情緒的重點，等他表達完後父母再說，會讓溝通更有效。

4

老是講不聽！除了打，還有其他方法嗎？

三、四歲前，怎麼打都沒關係，反正他長大後也不會記得。

咦，這麼多人分享這個看法，教小孩真的要打嗎？

王老師的神回覆

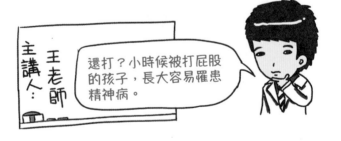

主講人：王老師

還打？小時候被打屁股的孩子，長大容易罹患精神病。

你也曾因為實在耐不住性子而動手打小孩嗎？那請記得四月三十日這天，千萬得要有耐心，因為這天是「國際不打小孩日」！原來除了生日、兒童節，小人們又多了一天稱王的日子呀！很多媽媽半開玩笑說，那她們等五月一日再加倍奉還囉！

　　但，一天不體罰就夠了嗎？當然不是，這天最大的意義是：「你能做到一天不打，那麼也許你會發現，將來的每一天，你都可以不需用打的方式來解決問題。」以「懲罰」代替「體罰」，儼然已經成為各國的潮流，愛跟上潮流的現代爸媽，是否也該注意呢？

我們也曾是被打大的孩子，所以只要體罰就對了？

　　之前有則新聞，看得我怵目驚心：「教養壓力大，幼兒多半被打罵！」。新聞指出，在國內五歲以下的孩子，十個有七個是被用打的教養法。爸媽們有不得不的苦衷，讓「不打不成器」的話題，再次浮上檯面。

　　很多家長會在很多演講後跟我說，以前我們也都是在被

打罵的教育方式下長大的，我們心理既沒有創傷，行為的表現也很好，看來以前的打罵教育是對的。

我想很多的人都是這樣想，但「打」真的不是讓孩子學到紀律的有效方式。「打」直接產生的是生氣、怨恨，讓孩子失去對父母的信任，也只會讓孩子的行為更糟，不會變好。「打」教會孩子的是：「打人是可以的」。

也有人說，現在凡事講道裡，用愛的教育，才讓孩子變得不可理喻。我要趕緊澄清，這是爸媽們對民主教養的定義，有很深的錯誤解讀啊！

我不支持對孩子體罰，因為很少家長可以在心平氣和下進行體罰，這樣失手的機會非常高。但孩子有錯，當然可以罵，當然可以處罰，應該讓他們知道爸媽生氣了。如果你不是經常性地對孩子進行體罰，倒不至於因為一次體罰，對孩子的心理造成終生影響。但一定要讓孩子知道你是愛他的，別讓孩子因為被體罰而心生恐懼。

「我們都是打罵教育之下的成功產物」，這句話只看到一部分的孩子；也有一部分的孩子，是因為你動手了，而讓

他跟家的距離變得更遠了，他一直在等長大之後，能逃離這一個陰影。

很多孩子被打了，你問他知不知道自己犯什麼錯，他不一定能說出來。看來被打的當下，只是因為皮肉痛而投降，而跟你說「我下次不敢了」，但他根本沒有學到什麼經驗及教訓，這絕對不是教養的真正內容。因此，先跟孩子講道理，再進行處罰，這個順序的必要性，一方面在緩和爸媽的情緒，降低你動手的機率，做出正確的下一步判斷；另一方面，也能刺激孩子思考，同時讓孩子記住下次不要再犯。

打罵教育也會養出暴力小孩

說真的，我無法理解，怎麼會有專家在媽媽社群上說：「三、四歲前，怎麼打都沒關係，反正他長大後也不會記得。」媽呀！而且還很多人分享？

隨便打沒關係？我看這是不負責任的說法，而且只知其一，不知其二。大腦不是不記得，只是整理的能力還不夠成熟，無法回憶、也說不出來。但這些大量被體罰的經驗，會

演變成潛在的記憶，存入皮質下，進而讓孩子可能發展出下面三種未來的人格特質：一、不自覺地模仿大人的暴力；二、因為幼兒時期的經驗，在長大後對於暴力有過度莫名的恐懼；三、越打越皮，越來越難警告，甚至有時會產生自暴自棄的情緒。

至於你會問我，那我們小時候也常被打，長大也沒怎樣啊！我告訴你，現在的孩子智力更高、語言成熟，但很敏感、不耐挫、情緒同理差，這兩種比較的基準點是不一樣的，父母不能老是琅琅上口自己的那一○一套，因為教養必須要與時俱進，因時制宜。

還有家長留言說，大家都一直說不能打，才讓孩子變得這麼難教，這根本就是民粹。這樣的邏輯是有問題的。我必須說，不是不打孩子的父母，就代表沒有在教孩子；也不是沒被打的孩子，就不會聽話。教養有很多方法，要懂得軟硬兼施。

還有的家長會認為：「小時候不懂事不能打，等大一點懂了，總能打了吧！」這也是一個大誤解呀！四到六歲是

「心智發展快速期」，也就是兒童的同理心發展最快速的年齡，簡單的說，這個年紀就是開始懂大人心思的重要發展關鍵。所以，當孩子一發展到這個年齡，可能許多家長都會發現，當管教越緊，孩子的反彈越大，親子間開始劍拔弩張，會讓你覺得從前的乖孩子，怎麼越來越不聽管教了。

打罵，人人都不愛，而且我認為當孩子越大，越不能用打罵的方式來進行教育，因為孩子的心理越來越成熟，總是用負面的教育，有時真的會傷了親子關係，好不容易建立起來的融洽，可能瞬間就像拆毛衣一樣，輕輕一拉就沒了。

另外，也有很多家長帶著情緒管理很差的小小孩或大小孩來找我時，都會問到，為什麼也處罰了，卻越大越難控制？我都會回他們一句話：「在孩子長大的過程，如果他們看到的都只是生氣的爸媽，但看不到生氣的自己，那到底我們是要他改什麼呢？就像訂正考卷一樣，也要先知道自己為何錯，再修正成正確的答案吧！」

三歲前被打罵教養，五歲後打人的機率是五倍

根據兒童心理行為研究發現，孩子的模仿能力非常強，但不見得是立即表現出來，有時候是先烙印在腦子裡，有需要的時候再拿出來用。

例如研究發現，三歲前被用打罵教養，在五歲後打人的機率，比一般孩子高出五倍；而且烙印在潛意識裡的打人行為，跟你當下教育對孩子說「你怎麼可以打人？」相比，會讓孩子更混淆，腦袋裡產生更大的抵觸，修正行為自然要花上好幾倍的功夫！

根據二○一六年發表於〈家庭心理學〉的一篇整合分析研究指出（這是實證醫學中最高等級的研究），在剔除家暴的相關研究後，分析出家長用打的方式教養小孩，不僅沒有改善孩子行為的效果，反而會造成許多負面影響，包括：

✳ 危害兒童的心理，甚至會產生精神疾病：體罰容易讓孩子有攻擊性和反社會性，對親密關係的認知也產生錯誤，例如會攻擊他們的父母，或可能去毆打自己的女朋友。

✳ 認同暴力：長大後容易出現以語言或體力強制對方進行

危險性行為和自虐性的行為。

❉ 失去自信心：體罰會使孩子產生恐懼感，神經過度緊
張，導致情緒異常，甚至會造成焦慮症、憂鬱症。

❉ 使親子關係緊張、疏遠。

　　另外，在二〇〇九年和二〇一〇年均有研究發現，掌摑孩
子會令大腦前額葉區域的灰質減少，這個腦區域主要負責判斷
力和思考能力，灰質減少會造成孩子的學業表現、智力下降。

你確定打的教養方式有教到孩子嗎？

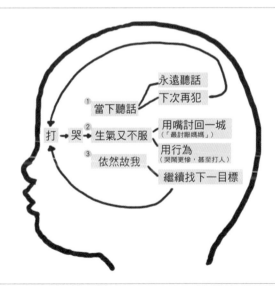

孩子對於「打」的感受

> 　　下面是我們家三歲弟弟和媽媽的對話，可以讓各位更加體會「打」帶給孩子的到底是什麼感覺。
>
> （睡覺時間，弟弟爬到媽媽身上⋯）
> 弟弟：媽媽我好愛妳，那妳愛我嗎？
> 媽媽：謝謝你愛我，那我也好愛你呀！
>
> （過了三分鐘，弟弟還繼續跟哥哥玩不睡覺⋯）
> 媽媽：趕快睡覺，再不睡覺我就請棍子跟你們一起睡覺囉！
> 弟弟（哭泣）：媽媽妳都騙人，妳不是才說妳愛我嗎⋯⋯？

打罵的替代教養法

　　教養真的沒有特效藥，更沒有症狀治療的藥！很多人在問我問題時就只留言道：「我的孩子會打人怎麼辦？」、「我的孩子愛哭怎麼辦？」、「我的孩子老愛生氣怎麼辦？」⋯⋯針對這樣的簡單留言，我真的只能說抱歉了，因為真的沒有愛哭就給Ａ教養法、愛生氣就給Ｂ教養法這種育兒策略呀！如果提供的線索少，很難打中孩子真正的核心問題，給予的建議也不一定適合孩子的行為氣質，所以我常說沒有一種教育或教養方式是適合所有孩子的。

　　但是，爸媽的教養行為，絕對會影響下一代的教養判

斷。打罵教養代代相傳，但卻不是有效教養，對孩子的身心發展也絕非好事。當爸媽的，應該要找到除了體罰之外，對孩子最有效的處罰、或能刺激好行為的方式。大家應該不難發現，孩子總是能乖乖聽老師的話，而老師也不需動手打人，所以只要用對方法，孩子永遠都可以被教育。

以下就有幾種可以替代體罰的方法。

✽ 帶孩子去罰站讀秒，結束時，讓他說對不起，並完整地說出「我下次再也不敢打弟弟了！」等錯誤行為。

✽ 把孩子帶到面前來，限制他接下來的活動，請他好好看著你，跟他說你現在非常生氣，因為他做了一件非常危險的事，不准嘻皮笑臉，請他觀察自己做了什麼。例如，他動手，讓人家痛到哭，如果換成他自己，會喜歡這樣嗎？

✽ 罰勞務活動，如收玩具、整理家裡、幫忙當小幫手等，來換取原諒。

✽ 禁止孩子最喜歡的活動當作懲罰，跟孩子說：「亂丟玩具沒收拾好，下一次就不會再有玩遙控車的機會。」、「鞋

子亂丟，就不要出門，戶外的活動是你自己耽誤的，你動作越慢，玩的時間及項目就越少。」、「警告好多次還打人，我們得將弟妹跟你隔離一下，因為你動手，他會怕你，你必須嘗到沒有人當玩伴的滋味。」

❊ 在限制孩子行動的情況下，讓他重複說出自己下次該做出的好行為。例如，沒有經過別人同意就動手拿或搶人家的東西，可邊罰站邊說出：「我下次會先問別人，不會先動手！」

此外，當孩子出現不適行為時，家長如果想要根本解決孩子的問題，最重要的就是蒐證，先好好地深呼吸，冷靜後再去面對孩子，事後思考孩子行為前因後果的七個 W（Who、When、How、Why、What、Where、Whom），才能好好分析孩子的行為如何處理。

另外，孩子很容易因為下面事件而情緒爆炸，如果能避免這些情況，你會發現孩子情緒處理其實沒有這麼糟的。

❊ 無聊、累、餓
❊ 挫折、焦躁不安

* 不知如何表達情緒
* 被誤解
* 沮喪、害怕
* 生病、疼痛
* 被中斷活動

共同討論，孩子也需要大人尊重

當孩子逐漸長大，如果不服大人的管教，就會開始用愛頂嘴、唱反調、罵不聽的方式表現。尤其是在四歲以後，孩子語言發展已經很好了，但認知能力還不像成人一樣成熟，因此，爸爸媽媽應該常會覺得小孩很愛狡辯，淨說些歪理；但對孩子而言，他卻覺得自己說的很有道理，父母說的才是歪理。所以，爸爸媽媽一定要以理服人，和孩子建立出正確的共同討論模式。

共同討論模式，是目前國際教育的趨勢，國內已經有不少以主題式教學的幼稚園也都有採用，我相當認同在家中也執行這樣的方式。若無法及早培養這樣的習慣，等到孩子國

小六年級才說：「我們來討論吧！」屆時彼此的互動模式早已固定，討論時不是你罵他，就是他罵你。

有效的親子溝通術

親子間如果能以共同討論的方式建立溝通管道，對於父母或孩子而言，都會產生雙贏的效果，因為：

❋ 找出意見不同的癥結在哪裡，才知道要討論的重點，不會搞不清楚雙方在吵些什麼。

❋ 雙方都有表達意見的機會，先讓彼此充分陳述想法，不要急著指出對方意見的缺點或嘲笑對方的意見。否則孩子會覺得沒什麼好講的，因為一講就會被批評。

❋ 如果孩子在表達意見時無法說明得很清楚，試著客觀地為他澄清他想表達的意見，幫忙他把想法說出來。

❋ 每個意見都個別討論其優缺點，包括父母的意見也不例外，孩子才會覺得心理平衡。

❋ 決定一個雖然不是雙方都完全滿意、但彼此也能接受的結果。

✳ 當有任何一人情緒瀕臨失控時，先離開五分鐘，讓彼此冷靜下來再回來討論，以避免出現情緒性的言語或舉動。

✳ 如果孩子始終不覺得自己的行為會造成什麼影響，建議可以運用錄影的方式將過程錄下來，或在路上看到同樣狀況的孩子時做機會教育，甚至也可在晚間的說故事時間，刻意地將孩子的言語行為套用在故事主人翁身上，這時孩子會更容易了解自己的行為。

✳ 與孩子溝通時，善用同理的角度，別總是一開始就自以為是地想要糾正孩子。

　　有些孩子其實比較拉不下臉認錯，這是很常見的情況，這時爸爸媽媽可以給孩子一個台階下。例如，我們家會把愛亂叫愛生氣的小孩叫做王小鴨（取自孩子們都愛的唐老鴨），在孩子生悶氣無法打破僵局時，我們就會說：「你該不會又是王小鴨吧！王小鴨你為什麼又來我們家？」這招很有效，孩子有了台階下，就會接著說道：「對，剛剛是王小鴨啦！我現在回來了啦！」這其實也是我們親子間共同的默契，也顯然是「雙贏」策略。

媽媽們，不是妳不夠好，是妳太累了！

天啊！當媽媽之後，怎麼像潑婦一樣？

是媽媽太累，都沒休息，而不是她不會當媽媽。

「每天喊每天吼，怎麼可能不累！」、「如果輕聲細語喊得動，誰想當瘋婆子？」這是百萬媽媽的心聲。每天在這種周而復始的環境中，媽媽最容易產生的第一個念頭就是：「一直會認為自己是個很差的媽媽。」總覺得自己一直是以沒效率的方法在教孩子，才會讓孩子屢勸不聽，無理取鬧。

沒人天生就會當媽，請停止自責的負能量

當局者迷，許多媽媽迷失在教養的分岔路上，讓自己心中有很多暗黑的想法，而且越想越挫折。讓我來告訴妳，為什麼我不覺得是妳不會當媽媽。

一、妳只看到自己最差、以及別人最好的那一面

妳一直覺得自己不如別人教得好，是這樣嗎？我經常覺得，這是人「愛比較」的天性，因為媽媽經常沒看到，別家小孩也有不好教的時候，只是大家都把最好看的拿出來，放在臉書上。

二、扮演多重角色，一心多用，任誰都無法完美兼顧

妳又要當好媽媽，又要當好太太，又要當好媳婦，覺得什麼都做不好。別神經了！一個人的腦袋有限、時間有限，怎麼可能什麼事都很完美？這種角色，只會在連續劇裡出現。

三、別懷疑了，拿出管教的勇氣

或許妳會懷疑自己是不是對孩子太嚴格了？但為人父母者，對的事，就該教，妳又不是跟孩子說「我再也不愛你了！」這種會傷害他的話。為了孩子好，大方向掌握好，該教就要教，別弄到人格快要分裂。

四、教養就像跑馬拉松，選手都要休息再上

人生的任何比賽，妳不是都在教孩子盡力就好嗎？孩子的教養，比超馬還要更長更遠，中間不是更應該有喘息喝口水的機會嗎？所以才希望妳，盡力就好，別忘了途中要記得休息之後再繼續跑。如果妳沒人幫忙，不能喘息，那不完美更是理所當然，所以並不是「妳不會當媽媽」，而是要「放下當超人媽媽」的念頭。

五、育兒這件事，本來就沒有使用說明書

　　妳有很強的挫折感，是因為妳教的是孩子，沒有 SOP，也沒有使用手冊可以看。每個孩子的氣質各異，每天的狀況也都不同，一下子這樣，一下子那樣；今天明明可以這樣教，明天又變不聽話，這是份比幹總統或市長都還要難的工作，有人跟妳交接嗎？有人教妳如何當好媽媽嗎？Never！

六、別讓路人甲的聲音打擊心中教養的堅持

　　叫有意見的人來帶帶看孩子吧！他們可能半天就投降了。如果對方真的成功了，那妳就願賭服輸。不然，雜七雜八的聲音，不都是嘴砲，或只是一堆育兒的幻想！！

　　用講的，誰不會？或許是根據從前的育兒經驗，但恐怕細節也不可考了吧。

　　而且，現在的孩子，比以前鬼靈精怪百倍，環境又不同，要照以前的方式養，很困難吧！妳怎麼被這種不可考、隨口說說的話，弄到更懷疑自己呢？放過自己，聽聽就好吧！

七、誰說孩子帶不好都是妳的錯？

　　如果孩子有了一堆壞習慣，或偶爾生病，就是妳沒帶好，沒有教好，沒有注意好營養？孩子又不是只是母親一個人的，周遭那麼多人在影響他，難道妳會教他壞的、不教他好的？孩子自己不會學嗎？生病、感冒，為何就是自己沒保護好？醫生的孩子，還不是會生病、感冒，還不是要吃藥。

　　到底是要煮得多好吃？像阿基師一樣嗎？那是人家的工作耶，妳只是個媽媽，絕對不是要練到神一樣的廚藝，孩子才會乖乖吃飯。妳難道不覺得，有時反而看了食譜，努力地做了一頓飯菜，孩子卻不賞臉，自己弄得更難過，不是嗎？會不會煮，跟會不會當媽媽，也沒有關係吧！何必這麼想不開呢？

八、妳是身兼父職的「偽單親媽媽」？那壓力當然很大！

　　這個社會有越來越多的「偽單親」，媽媽常因為一個人孤軍奮鬥，容易變得胡思亂想、情緒化，既要扮白臉又要扮黑臉，最後搞得自己灰頭土臉，其實何必想這麼多呢？

情緒就像一面鏡：媽媽開心，孩子才開心

　　如果你仔細觀察就會發現，孩子在成長的過程中，脾氣會跟大人越來越像，不管是生氣或開心的樣子，都像大人的翻版。所以，我一直希望有更多開心的媽媽，因為唯有開心的媽媽，才能教出開心的孩子。如果妳一直否定自己，會讓自己的壓力很大，甚至影響自己教養的大方向。

　　至於媽媽要變得開心，在育兒路上，請先轉念。我覺得下面有些觀念是媽媽得先練習告訴自己的。

❋ 孩子有自己的發展，不論成長的速度是快或慢，又或者偶爾生病了，都不是因為妳把他養得不好，也不是妳不會當媽媽，請放下這種不必要的愧疚感。

❋ 現在的孩子很幸福，任何的物質都不缺，妳也很努力的在學習當個好媽媽，別覺得自己的孩子總比別人家的孩子缺少了什麼，請放下這種補償心態。

❋ 孩子出生後，妳會有小小一段時間以孩子為核心，手忙腳亂都是難免。但一陣子之後，要找回自己的生活重

心，包括夫妻間的感情、妳自己工作的成就感、發展妳的夢想及興趣、培養自己的休閒、重建交友圈，這樣養育孩子才可以能量滿滿，所以請放下「阿信」的犧牲心態。

❋ 孩子的情緒及挑戰行為，當然會越大越明顯，因為他長大了，有自己的想法了。媽媽別因為看到孩子幾次的情緒暴走，不聽媽媽的話，就過度憂心忡忡，甚至擔心是自己沒教好，或者孩子長大之後會有人格偏差，請放下負擔這麼重的使命感。

你罹患「教養焦慮症候群」了嗎？

不只是媽媽，其實只要為人父母者都一樣，經常比孩子還焦慮，有時候會擔心別人家的小孩都在學才藝，那麼自己的孩子要不要也提早學呢？別人家的小孩都在吃這些營養品，我的孩子要不要一起補充？還有，要幫孩子選哪間學校最好？孩子跟爸媽分開後，會不會有分離焦慮？孩子又會不會受歡迎，及被學校老師喜歡？像這些過多的擔心，最後都

會變成壓力及症狀，讓你罹患「教養焦慮症候群」！以下就是容易引起焦慮的前五名行為，爸媽們一定要互相提醒注意！

引起父母焦慮的前五名行為

排行	引起焦慮的行為
Top1	離開孩子沒多久，就不自覺地要打電話關心。
Top2	常擔心孩子對新的環境（如：上幼稚園或小學）不知能否適應。
Top3	對於養育的方式，不斷地蒐集很多很多的方式。
Top4	嚴格控管孩子吃零食的行為。
Top5	怕孩子輸在起跑點，別人學也跟著學，但又怕孩子不快樂。

研究證實，情緒是會感染的，父母在育兒的過程中，如果焦慮指數偏高，其實會嚴重傷害孩子的發展，造成的影響主要有以下五點。

❉ 孩子會變得沒有安全感，黏人退縮。

❉ 孩子會比較敏感愛哭，情緒調節差。

❉ 孩子不容易專注學習，成績低落。

❉ 孩子的生長曲線會出問題，長不高。

❋ 孩子的壓力指數會變高，睡眠規律差。

　　此外，有了孩子也不代表你要犧牲自己的休閒娛樂，而是應該適時讓孩子也融入你的活動裡。你多久沒去唱歌？沒去爬山？沒去打球？沒去逛街了？你多久沒夫妻倆去看場電影了？陪伴孩子不是只陪孩子去他想去的地方，有了孩子後，千萬不要沒了自己。

6

單親家庭 ≠ 問題小孩，

正確教養才是培養貼心及責任感的關鍵

我家孩子真難教

原以為離婚會更好，難道單親也有錯？！

小華罵我是壞小孩，不想跟我玩。

王老師的神回覆

單親長大的孩子，當然不等於會變壞，有些反而更有主見。

我曾被很多媽媽問過，因為自己是單親媽媽，很擔心孩子的成長，擔心他變壞，擔心他少了爸爸的心理影響，擔心孩子在前夫那裡長大，之後跟自己的關係及感情很難維持……，諸如此類問題，不知該怎麼辦。

　　我聽了之後，第一個想跟媽媽說的是：「單親家庭長大的孩子，當然不等於會變壞。新聞事件上變壞的單親孩子，多半是從小被忽略、找不到自我認同的價值感、社群或同伴關係發生變化……等幾個特徵。千萬不要把單親孩子貼上一個大大的標籤。」

讓單親成為成長的助力

　　根據我多年的觀察，有些單親的孩子，的確比一般的孩子敏感、更在乎別人的看法、也更有自己的主見。其實，這些都不見得是壞事，最重要的是，如何把「孩子是單親」的這塊缺損，轉變成他成長中的助力。

　　關於單親孩子的教養，我有下面五點關鍵提醒。

一、提早訓練單親孩子的責任感

這其實是刺激孩子獨立、脫離依賴很重要的第一步，有責任感的孩子，也會更早成熟懂事，幫助未來擇偶的能力，也有助於日後成立一個幸福的家庭。

二、讓孩子有健全的同伴關係

除了爸媽以外，朋友及社交圈對孩子會越來越重要，也是影響孩子成長很重要的一塊。所以，單親的孩子，更該從小就有穩定的玩伴、學伴，或爸媽要努力幫孩子找到更適合的團體，讓孩子可以勇於在團體中表達及發展自我。

三、多聽孩子說話，而不是拼命告訴他們人生大道理

過度教養，是很多單親爸媽常犯的錯。其實，這些單親的孩子，希望爸媽多傾聽，他們其實有很多話想說，但爸媽因為過度的焦慮及緊張，會拼命地想要教育，有時候說得太多、管得太緊，反而讓孩子逃之夭夭。在這之後，爸媽對孩子的影響力，就會越來越低。

四、鼓勵單親孩子，共同參與家庭的決策

　　很多在單親家庭長大的孩子，心智比較成熟，這時候，我會請爸媽多利用這種優勢，讓他們參與更多家庭的決定。例如對孩子說：「週末要去哪裡玩？你能不能計畫一下？」「我們要買哪一種餐桌，能不能也提供你的想法？」這個做法，其實是在強化孩子是家庭的一分子，讓孩子以家庭為核心，避免太過於強烈的發展自我中心，會有利於孩子的人格發展。

五、成為孩子心中最親密的人

　　有位離了婚的媽媽來找我，說孩子周末都會到爸爸家住兩天，可是回來後，生活習慣變得很不好，拼命要看電視，說話也不聽，東西又亂丟，真擔心孩子變壞，於是就得對他更兇才能矯正行為。

　　我問了媽媽一句話：「妳覺得，在孩子心中，最親密的人是誰？」媽媽說：「應該是我啊！」我鼓勵她：「那妳就可以放心了！因為最親密的人，影響孩子最多；最親密的人，孩子就會跟這個人越像。孩子短暫的變化，不代表就是

變壞，他只是一時嘗到了甜頭，只要妳蹲下來跟他好好說話，說出妳心裡的期待，深深的擁抱，孩子就會懂得。」

　　有時候，我們明明是孩子最親密的人，卻做了很多不對的關心行為，反而把孩子推遠了，最後降低了自己對孩子的影響力。

第二章

互動的秘密

1

當遇上別人家沒禮貌的孩子，父母該如何引導？

我家孩子真難教

我不想強迫孩子分享！

你家小孩很鴨霸，為何可以不分享？

這是我的，你不可以玩！

王老師的神回覆

主講人:王老師

強迫分享跟不想分享，都會教出極端的小孩。

當遇到其他沒禮貌的孩子說「我們不要跟你玩」時，爸爸媽媽要介入嗎？

不只一位媽媽問我這個關於兒童社交的問題。孩子總會去公園或學校玩，但有時候自己的孩子會遇到其他小朋友對玩伴說：「我們不要跟他一起玩！」，或是：「你不要碰我的玩具，這是我的。」、「你不要加入我們這一隊，這樣我們會輸。」……媽媽們的困惑是：我們都教自己的孩子要有禮貌、要分享，可是當自己的孩子遇到這些沒有禮貌的孩子，被語言上排擠，被關係上排擠，這時在身旁的媽媽，該不該出手幫忙，還是摸摸鼻子帶孩子離開？因為別人家的孩子，自己也不能教，而且又互動不起來，為免自己的孩子亂學一通，先去別的地方玩就好。

對於這樣的情況，我有幾個做法，大家可以參考一下。

做法一 如果這個孩子看起來就是小霸王……

我會直接跳出來跟這個孩子說：「這裡是公園，所有的東西都是大家的，你可以說你先到的，但你不能說，所有玩具都是你的。但是要玩多久、多少次，請你跟我們說，我們

沒有立刻就要搶你的的意思。」

我覺得要跳出來的原因，一方面是讓自己的孩子有安全感，另一方面是在示範給自己的孩子看，當面臨困難的時候，你可以學習用堅定的態度，試著去想辦法解決。

做法二 如果這個孩子是無心的……

例如，到公園時，總會有一些年紀比較大的哥哥姐姐，而你的孩子比較小，玩團體遊戲的能力可能沒有這麼好，可能會被認為玩不起來而被排擠。如果是這種狀況，媽媽可以跟這些孩子說：「我們可以幫你們撿球。我們可以兩個人一隊，一起玩，請讓我們試試看。」

幫自己孩子找出在團體遊戲裡的角色及位置，一方面增加自己孩子的信心，一方面也可以讓其他孩子發現，原來能力較弱的孩子也可以融入團體中，而不是遊戲中的拖油瓶。

做法三 如果這個孩子是故意排他，無論如何都不妥協……

這跟小霸王的情況其實不太一樣。因為鴨霸的孩子，你如果運用方法讓他服氣，他們通常還是可以講講道理的。可是有些孩子，就是會故意講一些令人難堪的話：「動作

那麼慢，才不要跟你玩勒！」、「我就是不讓你上去溜滑梯！」、「這一塊沙坑是我畫的，你不要給我踩進來！」。或是，這一類的孩子，有時會直接搶你孩子的球，還把球丟得遠遠的，讓你的孩子生氣或難過。

我覺得這通常是這個孩子的教養問題了。有時候，孩子的行為問題，往往可以看出他的家庭問題。我會跟我自己的孩子說：「我覺得他講的話真的很沒禮貌，可以這麼說嗎？」、「我覺得他很不對，可以亂丟別人的東西嗎？」這時，我自己的孩子就會說：「不行！」

像這樣，我是把這類的孩子轉換成負面的教材，同時也是在教育。

再來，我還是會跟孩子說：「但我相信他不是每一次都是故意的！」因為我要讓孩子相信這世界的美好。

接著，我會過去跟這個故意的孩子說：「你剛剛的話，剛剛的動作，都讓人傷心難過了！我相信你下次應該不會了吧？」最後，我會帶孩子離開，到別的遊戲區。

或許，你會覺得這樣不就沒有伸張到公平正義嗎？但，該說的都說了，該教的都教了，教養需要時間，孩子也需要

時間成熟；而且這類的孩子，不可能一時半刻就讓你教會，留下來只會產生更多衝突，弄到你自己的脾氣都上來了。只能看這些孩子的爸媽，自己教不教得動了。

2

爭寵搶玩具是天性！分享該怎麼教？

我家孩子真難教

孩子都不會分享，以後上學怎麼辦？

才不要

給我

王老師的神回覆

主講人：王老師

媽媽總是想太多未來！又不是沒人教的小孩。

我曾在親子館裡看到下面的情景。

一個孩子正在玩廚房扮家家酒，另一個孩子走過去，動手要拿廚房裡的鍋子鏟子，正在玩的孩子動手阻擋表示不要一起玩。

甲媽媽：對不起！我們也想玩，請分一些廚具給我們玩。

乙媽媽：不好意思！我們快玩完了，等一下再給你們玩，我的孩子不喜歡被強迫，他想分享就會分享。

甲媽媽：玩具區的玩具，都是公家的，怎麼可以佔為己有？

乙媽媽：我們沒有霸佔啊！我說我們等一下就會讓出來，我不想用強迫的方式教孩子。

甲媽媽：你本來就該訓練孩子分享，難怪他這麼霸道。

於是，一場戰爭，就此開始！

分享是天性，不是被迫的行為

很多小孩都只能自己玩，認為什麼東西都是自己的，沒法一起分享一起玩，讓爸媽看了好擔心！

「分享」是一種社交合作的行為，早在嬰兒時期就會表現出來，例如八個月大的孩子就會分享他的食物或物品給爸爸媽媽。

但很詭異的是，「分享」到了幼兒時期卻變得相當困難，學齡前兒童的分享行為明顯比學齡兒童少。

由於「分享」是需要去注意到、並體會到對方內在想法的，因此開始有不少的心理學家探討「分享」與解讀他人內心想法的關聯，也就是心智解讀能力（theory of mind）。

心智解讀又稱為心智理論，是一種能了解他人內在想法的心智能力，例如了解他人的信念、意圖、欲求、情緒、看法等。研究發現，學齡前的男孩子，如果心智解讀能力越好，好鬥、破壞的問題行為就會越少，女孩則是社交能力越好。

最近我遇到不少家長在「分享」的教育上有不同的想

法，像是「不主動教孩子分享！」或「不強迫孩子分享！」。原來是網路流傳一篇文章，他們的理論是孩子本來就還小，不懂分享，還有分不分享該由孩子做決定，所以大人不應干涉或強迫！

但，正如心理學家的發現，其實分享行為早在嬰兒時期就出現了，沒道理已經會走的孩子還不懂得分享吧！他們不分享，是因為他們開始懂了「分享」就會有「犧牲」！研究發現，如果分享的情境與「犧牲」無關時，孩子的分享行為就會增多，例如有好多塊餅乾時，就會願意分一塊給別人。

有借有還，大家可以一起玩！引導孩子學習共享

當孩子拒絕與人共享時，父母會說出的威脅語言可能包括：「你都不分享，會沒有人想跟你玩！」或「你不分享我們就回家！」，甚至還會強硬地把孩子不願分享的東西從他手裡拿走。更有可能事情演變到最後，孩子也哭了。於是，「分享」在他心中會變成一件可怕的事，未來要孩子發展主動分享的行為時，一定也會更困難。

從心智解讀能力看「分享」

下圖是經典的心智解讀故事，讓大家更容易了解孩子對於「分享」這件事的理解。要學會分享，必須要有站在別人立場、去感同身受的能力。

回答「莎莉會去紅色櫃子找球」的孩子，表示他不會只用眼睛去理解，開始會用心去感受他人的行為。

❶ 我是莎莉　　我是安妮

❷ 莎莉把她的球放到紅色櫃子裡

❸ 然後莎莉就離開了

❹ 調皮的安妮把球移到灰色的櫃子裡

❺ 你認為莎莉回來後，會到哪個櫃子找球呢？

　　近年的研究發現，「分享」的確和孩子的心智解讀能力發展有相關，當其他人對小小孩表達出渴望、需求時，他們願意主動分享的機率也會越高。所以當大人看到小孩為了爭

奪玩具有意見時，可以觀察一下孩子是如何解決，再決定是否出手。

例如，當孩子被其他小孩拒絕分享時，媽媽要引導他清楚表達出「想借玩一下」的想法，以及什麼時候就會還。

而對於拒絕分享的孩子，媽媽則要適時引導他體會其他小朋友也同樣想玩的渴望，創造雙贏的局面，例如：採交換玩具的形式（就是以物易物啦！），或是輪流玩，並且媽媽也要能向孩子保證，在多久後玩具一定會再回到他手上。在孩子做到分享行為後，也不要忘了給予大大的讚美。

當然，孩子的世界不可能都如此美好，不是每次的分享事件都能成功，重要的是父母要去嘗試讓孩子學習共享，並且大大鼓勵，「經驗」可是影響孩子未來願不願意主動分享的重要關鍵喔！

教分享的關鍵

以下有幾種教導孩子分享的方法，為人父母者不妨參考看看。

* 製造「一起玩比較好玩」的成功經驗。如：一個人玩車，只能將它們排排站；多一個人一起玩，就可以玩警察遊戲，可以當不同角色。

* 孩子一時半刻不分享，不代表他就是自私的，給孩子多一點時間想想。

* 孩子先從大人身上學分享。如果我們總是給一堆禁止，他們就會學到錯誤的互動經驗。

* 玩具該有公家及私人的分別。不是每件買來的玩具都是大家的。如果孩子沒有交換的經驗，反而練習不到分享。

* 不要常說「你比較乖，都有讓給別人；他不分享，我們不喜歡他」，久了之後，常讓的小孩也會覺得不公平；被讓的人也永遠都學不到分享！像我就會跟聽話的孩子說：「你做得很好！一定會有更多孩子想跟你一起玩」；跟不分享的孩子則說：「要記得說謝謝，下次就輪到你分享囉！」

* 多用同理的方式和孩子溝通，常帶著孩子看圖說故事、玩角色扮演的遊戲，這都有利於孩子心智解讀、決策判斷能力發展，分享也就容易跟隨主動產生。

當兩個孩子在爭奪玩具時，小琪媽媽說：「要分享喔！你如果不分享，就……（大吼）**我叫你要分享。**」最後，小琪媽媽直接把玩具搶走，拿給小婷！

妳也是會這樣做的媽媽嗎？

另外，分享也不該只存在孩子與孩子之間。你是否也會像下面所說的這樣：買了好吃的食物回來，孩子喜歡吃就讓他全吃光，自己不吃也沒關係，久而久之，孩子也習慣不問身邊的人要不要吃；還有，像是媽媽的面紙、爸爸的筆記本，連問也不問就直接取走。

　　大人就是這樣包容小孩或禁止小孩，但忘了「分享」其實是種社會互動的行為，應該是要在家中無時無刻演練的。像是可以跟孩子說：「這是媽媽的，你要先跟媽媽借喔！」、「這是媽媽買給大家吃的，一人一個，你要記得留給爸爸，不然爸爸下班回來，肚子會好餓好餓喔！」

我們總是要小孩學會分享，但從孩子角度來看大人分享了嗎？

孩子覺得，「我只是想共同參與媽媽正在專心做的事」。就像下圖所示，其實有很多正向情感交流，但卻得到被責備的負向回饋（圖 ❶ ～ ❸）。於是，孩子模仿大人的行為，出現「別人都別來碰我東西」的自我防衛行為（圖 ❹、❺）。

不打招呼≠沒禮貌，錯誤解讀，孩子更討厭社交

我家孩子真難教

叫姑姑跟姑丈啊，過年不能沒禮貌！

王老師的神回覆

十次有九次，大人都是先派孩子打招呼。

我在上節目時，幾乎都會被問到「孩子不打招呼」這個問題。這實在跟父母有沒有在教禮貌沒什麼太大的關係。我常問一件事，大家都叫孩子遇到人要打招呼，但大人有先打招呼嗎？事實上，十個有九個沒有！我認為，對於這件事，父母或教養者要注意以下三個觀念。

❋ 看到孩子不跟人打招呼，就說人家沒在教的，通常都是理論育兒派（覺得天底下每個孩子都該有禮貌），或不懂眼前這個孩子的氣質。當然也有可能是大人自己跟孩子玩不起來，因下不了台階而說的話。

❋ 當爸媽聽到別人批評「沒在教」時，千萬別馬上把「不打招呼」跟「沒有禮貌」劃上等號。就像守規矩、不亂跑跟不吵鬧都是種禮貌一樣，不是只有打招呼。而且，自己身體力行先打招呼最重要。

❋ 有些孩子會很氣一直被要求「要打招呼」這件事，一來他還沒準備好，二來他不見得對每個對象都那麼喜歡，你用強迫的方式，最後會讓他更反感，於是他就更不想照著做。

我常說每個孩子的理解、表達、學習有所不同，當然他們也都有自己的社交力發展，這在「平時」就要培養，而不是「臨時」養成的，趕鴨子上架，實在不是好方法，父母可以看看下面這些技巧。

社交力，先從分享行為開始

很多孩子在東西一拿到手，就認為是自己的了。該不該教分享？爸媽傷透腦筋，也不知道怎麼教。孩子這樣算是有社交障礙嗎？以後進幼稚園該怎麼辦？

提到孩子的社交及人際的困難，許多人會想到的是泛自閉症，但其實大多數孩子，是正處於不懂分享的年齡，或經驗太少，導致跟其他孩子總是玩沒兩下，就惹得別人很生氣。其實，強迫分享不對，但都不訓練也不對。

分享這件事跟孩子的遊戲行為發展有關。一般發展里程碑的進程是從單獨遊戲（世界我最大），到孩子會平行遊戲（你有什麼我就要什麼），到孩子可以共同遊戲（我們一起更好玩）。而一起玩的情況，通常會在兩歲至兩歲半以後才

出現，所以太早練，會不自然；而太晚開始，則會影響團體能力。

　　像以下幾種情況，都是孩子缺乏社交力的表現。

❋ 孩子到公園就是看同儕玩，自己都不玩。

❋ 在親子館裡，一群小朋友在一起玩，只有自己的孩子在旁邊獨自玩，不想過去一起參與。

❋ 孩子都只黏大人，要有父母長輩陪才會和其他小朋友接觸與互動。

　　現在的家庭都生得少，或者親朋好友間生育的年齡有些落差，變得孩子有固定玩伴的情況不多。

　　不知道爸爸媽媽有沒有想過，其實孩子和大人互動，要遠比孩子和孩子互動來得容易多，這不見得是語言問題，而是大人和孩子互動時，自然就會變化語調，豐富臉上的表情和肢體動作，大人也能隨著孩子的反應去調整自己的反應。但孩子是沒有辦法這樣的，要他們去理解其他孩子的意圖和行為會更困難，尤其是氣質上較易焦慮或小心的孩子會顯得更加被動。

了解孩子的社交發展，才能對症下藥

你以為零到三歲的孩子只能被動地等待他人來照顧與關懷嗎？其實，即使是初生的嬰兒，也早就準備好與人互動，有主動尋求回應的能力。可是發展到後面，為何有些孩子竟然變成不愛打招呼了？究竟孩子社交能力發展的進程如何呢？

如果按照不同的年齡階段來區分，可約略分為以下幾個進程。

進程一 **0－1歲**

❋ 喜歡注視人臉、聽人說話的聲音。

❋ 對柔和聲音的感官刺激會以微笑回應。

❋ 能辨識出爸爸媽媽的聲音。

❋ 喜歡被人逗，和人玩。

❋ 對他人情緒較敏感，特別是主要照顧者和寶寶，當別人哭泣時自己也會跟著哭。

❋ 對母親的依賴會逐漸加深，在六個月起逐漸和主要照顧

者建立「依附關係」（一歲時是高峰，直到一歲半左右）。

❋ 六、七個月大起，會對陌生的人或地方感到害怕。

進程二 **1－2歲**

❋ 懂得表現親密，會向兄弟姊妹、親人、寵物、玩具表示
關愛。

❋ 展現幽默，會逗大人笑。

❋ 喜歡社交，注意傾聽大人談話並模仿。

❋ 用一些舉動引起大人注意，如拍你、甚至咬，或做不應
該做的事。

❋ 任何事都想插一腳，以自己為中心，較自我。

❋ 喜歡牽著大人的手，甚至老是討抱，這樣比較有安全感。

❋ 能辨別簡單的圖片或人物表情，例如笑笑和哭哭。

進程三 **2－3歲**

❋ 學習分享，通常會由輪流開始，但仍屬困難。

❋ 想獨立，但又會尋求大人的認可與讚美。

❋ 容易因反抗權威而發脾氣、表現敵意。

❋ 從一、兩歲前的獨自遊戲，進入平行遊戲的階段。孩子一起玩時，雖是各玩各的東西，但會逐漸注意到彼此，甚至出現一些模仿行為。

❋ 能辨別更複雜的人物表情，例如喜怒哀樂。且開始會知道產生情緒的原因，例如寶寶哭哭是因為肚子餓。

居家親子小遊戲，提升孩子的社交力

研究證實，與父母互動越多的寶寶，孩子的認知反應會越聰明喔！以下的小遊戲，爸爸媽媽陪孩子一起玩！

❋ 和寶貝一起玩鏡子遊戲，方法如下。帶著寶寶認識不同表情，例如扮鬼臉、擠眉弄眼，記得表情越誇張越好，同時也可以告訴寶寶一些有關表情的字眼，例如「寶寶笑笑臉」、「媽媽哭哭臉」。接著，讓孩子觀察鏡子裡的自己，玩問答遊戲。例如，指著寶寶的鼻子問：「這是誰的小鼻子呀？」

❋ 媽媽、爸爸和孩子互動時，音調應該多加變化，生氣可

以低沉，開心可以高昂，讓孩子能清楚分辨情緒變化。

* 給予不同的環境刺激，多外出接觸大自然、親子館，和其他孩子互動。較怕生、適應時間需較長的孩子，爸爸媽媽應從小團體開始，別急著「推」孩子去互動，讓孩子多觀察，爸爸媽媽從旁講解。

* 如果孩子的遊戲相當制式化，不易改變，也不看爸爸媽媽怎麼玩，可以試著模仿孩子的行為，了解孩子的遊戲方式，從中加入孩子的遊戲。親子間的互動，爸媽別出手太快，因為大人喜歡的玩法，不一定是孩子喜歡的玩法，限制太多，會破壞玩樂興趣，搞得孩子不愛在共同遊戲中與人情感交流。

* 透過讀繪本親子共讀的方式，讓孩子練習觀察書中的細節及故事發展，家長也可透過問問題的方式來確認孩子的狀況（比如：「你覺得兔子發生什麼事了？」、「兔子跟烏龜是好朋友嗎？為什麼？」、「小英哭了，是為什麼呢？」），很多家長在帶孩子看書時會掉進看字念書的陷阱，其實在四、五歲前的繪本共讀，「帶著孩子看圖說故

事」這件事比較重要。

✿ 親子一起玩「請你跟我這樣做」的遊戲，像是：五官（鼻子、眼睛、嘴巴⋯⋯）、肢體模仿，配合著音樂更好。例如唱「頭兒肩膀膝腳趾」的歌時，也跟著做動作。

✿ 玩假扮遊戲，例如：扮家家酒、角色扮演。亦可從繪本的故事內容中，選擇扮演的角色。家長甚至可以選擇孩子較易遇到、或不喜歡的情境來做扮演，例如：看醫生打針、剪頭髮、看牙醫、上幼稚園、去公園玩等。

✿ 透過收玩具的過程中建立眼神的接觸（首先可先建立收東西的行為模式，進而必須有眼神接觸，才可放手給孩子，將玩具放置籃子中）。甚至在收拾的過程中可以放入不符合情境的物品，看孩子是否有注意到。

✿ 玩比手畫腳遊戲，這樣的遊戲可以培養孩子豐富的肢體表情，也可以讓孩子不用透過語言，就能了解他人的想法，這對心智解讀能力的培養和同理心的建立相當重要。

✿ 藉由大動作練習視覺專注，例如：丟接球、拍氣球、踢足球、追泡泡或雙手拍泡泡等，有助於社交活動進行時

的持久。

　　不過，不論親子間是進行什麼樣的遊戲，最重要的還是家長多陪伴擁抱，多觀察孩子、多鼓勵互動！別總想培養孩子早點獨立，就減少了陪伴，因為與家人的互動式語言及遊戲經驗，是未來進入團體社交的基礎。

4 別急著處罰！調皮搗蛋是在吸引大人的關注

很多媽媽來「天才領袖」時都會跟我說，孩子越大，怎麼吸引父母注意的行為越多？有時候吵到自己都不能做家事，孩子最後會很生氣，搞得媽媽也很生氣。為什麼就是不能在一旁自己好好的玩呢？

讓孩子進幼兒園過團體生活

　　其實，孩子到了某一個年齡後，就會開始想要找伴，讓自己的遊戲變得更多采多姿，也想要分享自己的很多意見及作品，這些都需要遊戲玩伴，也是心智成熟的象徵。所以，當你觀察出孩子有強烈想要吸引大人注意力的意圖，而家裡的環境又不能滿足孩子時，或許就是該讓他去過團體生活的時候了！

　　例如，給孩子一些團體遊戲課程，或是讓孩子體驗幼兒園的群體生活，都是很好的做法。我的第一本書《孩子的教養，你做對了嗎？》，就曾跟家長清楚地解釋過，為什麼最適合上學的年齡是中班。當然也有很多孩子的能力不錯，又期待能過團體生活，在我評估後，我會建議媽媽讓孩子提早

去上學，孩子得到滿足，媽媽得到喘息，對親子關係反而是件好事。

四至五歲的孩子已具備一定的同理心，當然有必要進入團體當中生活。在團體中，孩子可以透過成熟的同理心與心智技巧與同儕相互學習、模仿、協調、合作、競爭，對他的成長將會有很大的幫助。

不是討罵，是討玩

也有很多爸媽反應，有時候在教孩子一些規矩，孩子反而更不聽話、更故意，怎麼會這樣？孩子怎麼會這麼喜歡討打跟討罵呢？其實，他們是在「討互動」。當孩子心智開始發展後，千萬別把三歲當兩歲養，把四歲當三歲養。其中有些心理因素，是父母必學的功課。

以下就是五個爸媽必懂的心理發展因素，以及該如何教導的方式。

一、爭取注意力

孩子如果本來就在爭取觀眾及吸引注意力時，你還在當下管教，你就中了孩子的招了。你不難發現，孩子哭鬧搞怪的行為，反而會變本加厲。

二、被忽略，所以想討玩伴

三歲前要陪伴，三歲後要玩伴。孩子長大了，就會想要討玩伴，但如果長時間被忽略及冷落，就會自創很多搗蛋的方式來告訴你快去陪他玩。很多爸媽都遇到這個問題，但卻仍停留在教規矩。

三、用情緒抗議

孩子是在抗議不公平。對於你的管教，心理產生一種無能為力的感覺，或沒有台階下，只好往反方向去。情緒，是孩子最快讓父母知道的武器。

四、挑戰權威

每個人身體裡面都有冒險基因，孩子也有，所以喜歡挑戰比較困難、做不到的事。違反家規就是件冒險犯難、很刺

激的事，所以孩子喜歡踩底限。

五、從遊戲互動中學規則

　　沒有任何一個孩子，喜歡每天都被教導要遵守什麼規矩，因為被限制往往不是件舒服的事。但孩子越大，我們對他們的限制就越多。在這之中，要取得一個平衡，從「玩」、「親子互動」、「經驗分享」中，讓孩子自然地了解規則及規範，是他們最能接受的方式。所以，教孩子，真的不能碎念。

「放屁」、「大便」說不停，是要吸引大人的注意力

　　另外，不知道你有沒有發現，孩子上了學後，總喜歡講什麼大便、放屁、尿尿、小雞雞……，對這類的話樂此不疲。其實，這有三種可能：

❋ 孩子想吸引注意力，爭取陪伴跟互動（這是正向的社交發展）。

❋ 單純覺得好笑，想要讓別人開心（沒錯！孩子會想讓人

覺得開心。很貼心吧！）。

※ 孩子想證明自己，偶爾可以到大人的禁區，因為這樣很刺激，有冒險的感覺（人應該有冒險基因才會進步）。

可是反過來看，當孩子們很得意地講這些話時，大人的第一個反應往往是：「噓！沒禮貌，好難聽，羞羞臉⋯⋯」

之前，我到孩子的幼兒園講故事，刻意挑了一本《是誰便便在我頭上》這本書，想要打開這個被禁止的話題，結果大家果然都聽得興高采烈，也有很多回饋。後來在接兒子放學的時候，一個很可愛的小朋友來找我，跟我說：「叔叔，你上次講一個好笑的大便故事，下次可以再講一個香香的故事，謝謝你！」。聽完我很開心，因為把原本禁忌的話題搬上檯面，公開討論後，能降低孩子對錯誤行為的好奇心，又可以刺激孩子思考，這種引導的教育，一定比禁止有效許多。

你自以為的關心，孩子不一定感受得到

前面提到，孩子的搗蛋與刻意叛逆，其實是對大人的管

教方式提出抗議與不滿。有時候父母不自覺做了一些事，自認為是關心，是對孩子好，但孩子對此卻是非常討厭，這種代溝，你一定要知道，因為這會深深地影響親子關係！對於以下的八種行為，孩子都非常有感。

一、將孩子的隱私告訴親朋好友

孩子總有些壞習慣，有些爸媽可能唸破了嘴，也無法讓孩子改變，最後就會在眾人面前說：「他不愛換襪子，腳很臭。」、「他房間都不收！是個髒小孩！」希望藉此給孩子一些教訓，可是卻會傷了孩子的自尊。

二、跟孩子說：「我說這樣就是這樣！我都是為你好！」

權威式教育，以及沒有太多時間講道理的「速食教養」，會讓孩子長大之後更叛逆。

三、跟孩子說：「你比較大，要讓弟妹」

家中的排行，不是孩子可以決定的。爸媽在爭執時，可能會出現不公平處理的語言，切忌說：「你有讓沒爭，我就會更愛你、更喜歡你！」這樣會讓孩子的價值觀混淆。

四、不相信孩子說的是真話

父母傾聽的方式，如果第一時間是用「真的嗎？」這種懷疑的問話方式，將讓孩子變得更不愛說，覺得「反正我講的你又不信！」，搞到孩子只喜歡跟同儕在一起，只願意跟同學分享。

五、用取笑揶揄的方式，想讓孩子改正行為

「你看！沒力氣常跌到，就是因為不吃飯！」、「羞羞臉，還在吃奶嘴沒戒尿布，像個小baby一樣！」有時候像這一些話從家長口中說出，會非常容易讓孩子產生無助感，孩子原本期待有爸媽的支持，可以慢慢修正；但爸媽用取笑的方式，孩子的行為會變得更退化，更沒有自信。

六、爸媽可以打罵，但孩子不准打人

很多幼小的孩子，在出現動手打人的行為時，我們一定會急於告戒；但有時候我們出手修理他們，反而成為他們模仿的對象，這種「別人可以，但我做了有嚴重後果」的感覺，在兒童心理非常地矛盾複雜。孩子得建立規則，找到有

效的方法加以處罰喝止，但要盡量避免體罰。

七、管教有雙重標準

　　家庭裡有雙重標準，也是孩子很討厭的事。例如，爸媽自己可以玩平板手機，卻跟孩子說玩這個對你不好；爸媽會吃薯條飲料，卻跟孩子說這個對健康不好。你應該不難發現，當孩子越大之後，他就會開始問你：「為什麼你可以我不行？？？」

八、在眾人面前逼著認錯

　　這種讓孩子沒有台階下的教養行為，常會讓孩子更反抗，更不知道自己錯在哪，有時反而更不知所措地回頭打父母，讓你更生氣。

　　我們都想把孩子的行為引導好，但別忘了，不管是幾歲的孩子都是有自尊的，你不喜歡的，他們也不喜歡，別因為要教好，就給自己或給孩子太大的壓力。

5 出門作客囧很大，破解尷尬的外出教養術

你看只有你沒去，快去跟大家一起玩！

王老師的神回覆

你有看過老師教學生不會的題目，一直叫「你快寫啊！為何都不寫！」，然後他就會了？

主講人：王老師

每次長假，肯定會有很多朋友或家族的聚會，應該是非常開心的時候，但怎麼可能每個孩子都像天使一樣呢？會讓爸媽很窘的情況，實在是太多了。

為了不要讓你每次都遇到想讓你撞牆的孩子，快來張大補帖吧！這些狀況，你一定常常碰得到。

尷尬一 **沒大沒小沒禮貌**

不知道你有沒有這樣的經驗：孩子明明就認識要見面的那些大人，偏偏看到時，就是不肯叫叔叔、伯伯、阿姨、阿公、阿嬤。有些小小孩，甚至會躲到你背後，爬到你身上，打死都不叫。你可能還耳提面命地跟他說：「剛剛來的時候，你不是跟媽媽都說好的，到人家家會有禮貌？」有些比較大的孩子，你越叫他叫人，他反而生氣及憤怒，走到旁邊去，對大人理都不理。這真是讓爸媽好尷尬啊！

● 父母的處理方式

其實每個孩子的環境適應能力都不一樣，有些孩子比較快就可以進入狀況，有些敏感的孩子就要觀察很久。孩子到底都在觀察什麼呢？他們其實是在觀察這個地方有沒有好玩

的東西，有沒有讓自己不焦慮的東西，有沒有自己覺得很不舒服的人。

例如過年期間，很多大人見到孩子通常會一個箭步地上去想要抱、互動、問孩子東問孩子西的，這樣更不可能與孩子成功地熱絡起來。如果爸爸媽媽遇到這種不叫人的情形，我建議可以像這樣幫孩子補上個幾句，讓孩子有台階下，像是：「叔叔好！我們剛坐車還沒醒，待會再跟你玩！」、「阿姨好！我有一點忘記妳了，等我一下下，我會回想起來！」、「阿公好！我先跟你揮揮手，等一下再大聲叫你阿公！」這些語言，其實是要降低孩子的焦慮，幫孩子找台階下，從主要照顧者說出來，對孩子尤其有安全感。

接著如果孩子熟悉環境，成功地打招呼了，大人一定要大大鼓勵，告訴他，什麼時候做到約定都沒關係，重點是「做到了」。別太快將孩子貼上「沒禮貌」的標籤，是我一直在衛教的重點。

尷尬二　情緒暴走又哭鬧

還有一種狀況，就是尖叫＋哭鬧。在家堅持度很高也就

算了，過年期間到別人家，或上餐廳吃飯，就非得照著孩子的意思做，照著孩子的順序，順著孩子自己的規則，嚴重的時候，連碗筷不是用他喜歡的、吃到一口不喜歡吃的菜，或沒看到要看的電視節目時，根本就不會管你面子不面子的，先路倒打滾一番再說。這也真是讓爸媽好尷尬啊！想帶出門，但又想到孩子常這樣，就頭皮發麻！

● 父母的處理方式

在教養裡，以靜制動、以柔克剛，是我常常用的招式。我曾講過一個例子，先前有位媽媽對她情緒很暴走的三歲孩子，罵也罵了，揍也揍了，但孩子不但變本加厲，甚至讓媽媽覺得，在大庭廣眾下的哭鬧，已經有一點是在演給大家看的感覺了。

我後來建議她，當孩子情緒來的時候，你就告訴他：「我有聽到，我也有看到！等你哭完了，就可以來跟我說說話，我在這陪你！」接下來，我教媽媽再跟他說：「哭可以，但要控制一下不要太大聲，不然太大聲讓我耳朵聾了，我就聽不到你可愛的聲音了。」後來，孩子竟然不到三分

鐘，就收拾眼淚問媽媽：「這次妳怎麼沒罵我？」看來，誠如媽媽的直覺，過去大部分的行為，是演給觀眾看的，那我們為什麼不能用溫柔、理性、幽默的方式，來回應孩子吵鬧呢？我認為這是教養上，大家一直很需要學會的一個關鍵態度！

尷尬三　碰東碰西沒規矩

還有一類孩子，到了別人家的時候，好奇心使然，東碰西碰、翻箱倒櫃的，每一間都去開一下門，活像走自家廚房一樣，其實也讓爸媽覺得很尷尬。

● 父母的處理方式

這一類的孩子，通常在進門時，父母就應該幫孩子看一下，在這個空間中，孩子在接下來的時間，可以做些什麼事，明確告知孩子步驟；也要明確地告訴他們，爸爸媽媽會在這個地方停留多久，建立孩子的時間感。

而且，指令也要明確，例如，如果觀察到這個環境有一個地墊區，可以跟孩子說：「你可以去看看有沒有什麼玩具跟人家借，可以在那裡玩。」或者，出門前帶著自家的桌

遊，或可以多人一起玩的積木或玩具，讓他去找其他的孩子一起玩，避免大人在聊天講話，孩子沒有事做，於是就開始當起偵探。

尷尬四 親朋好友熱情卻不被領情

過年時大家總是非常熱絡，可能會拼命拿出好吃的東西給孩子，或想要送一些小小禮物給孩子，又或想要跟孩子說說話，想帶著孩子去哪裡玩。可是很多小孩不見得領情，有時還擺著一張臭臉，這也讓爸爸媽媽覺得非常的尷尬，對孩子這種行為，也不知道能不能強迫。

● 父母的處理方式

孩子不領情，可能有以下幾種狀況。了解孩子的心理，你就會多尊重他一點。

❋ 孩子當下覺得沒有選擇權，你一直跟他說這個橘子很好吃，可是他希望你問他的是：「棗子、橘子、蘋果，你想要哪一個？」

❋ 大人太過於熱情，所有焦點都在孩子身上，讓孩子一時間不知道怎麼辦。

＊ 每次收了東西後，明明孩子有自己感謝大人的方式，但每次還是都要被強迫說謝謝，這種感覺，孩子不見得很喜歡。

＊ 孩子覺得：「人家要給我的東西，我真的不是很想要或很喜歡，但大人總是強迫我收下，所以我覺得好討厭。」

尷尬五　太興奮而口無遮攔

也有很多孩子，到了別人家或聚會時，就是人來瘋的感覺，常常弄巧成拙，口無遮攔，在別人家一些表現出不合宜的動作或話語。

例如過年明明就要講一些吉祥話，孩子就偏偏要改編成「恭喜發福」、「紅包快給」、「猴子屁股」，這樣也是讓爸爸媽媽覺得很尷尬的地方。

● 父母的處理方式

如果孩子已經玩到太過興奮了，要把孩子叫來身邊一個安靜的地方，讓他乖乖坐好三十秒，並告訴他：「你剛剛的舉動及言語，在過年或到其他人家家裡的時候，就沒有這麼

好笑了，我們可以在家講在家討論，但現在這樣我很不喜歡，所以我請你安靜三十秒，等一下再用其他的方式玩。說正確的吉祥話，會讓其他人更喜歡邀請你來他家玩。你在這邊玩得很開心，三十秒後，我相信你會知道該怎麼做。」

如何引導說話討人厭的孩子自覺？

小白目、頂撞兒，

你怎麼這麼笨？我早就會騎了！

他每次都說「我早就會了」，我都稱讚他很棒，會不會教錯了？

過度的讚美，讓孩子自我感覺良好。

我曾經在教養直播影片裡，提過孩子如果常說出討人厭的話，也是人際關係的殺手，這通常會發生在四歲後口無遮攔的孩子身上。例如孩子一吵架了，才不管對方是不是好朋友，經典的語言就是：「我再也不要跟你玩了！」；或遇到自己很不喜歡或覺得很衝突的情境，也會直接說：「你怎麼這麼臭，好臭！」。前者叫做「過度表達」（為了要發洩情緒，讓自己好過），後者叫做「太直白」（想都沒想，迫不及待表達，不會站在他人立場著想），這些都需要家長耐心引導。

　　你可以教孩子說：「你應該是想說：『我真的很不喜歡你這樣！』，媽媽希望你可以試試看。」或是：「給你一個任務，當小老師，偷偷去告訴他很臭，要他快去洗手。」換了一個說法，在團體裡面就不會這麼突兀，孩子的社交，就會被你的智慧救回來了。

　　不是每個孩子天生就有社交能力，直白的孩子更是要早早教育。

說話直白無禮，會影響未來社交能力

　　我在評估的時候，發現現在很多孩子琅琅上口的是：「這我早就會了！」、「這麼簡單！」、「這我家有一大堆」、「你怎麼這麼慢，我到底要等你多久？」。其實這些你以為很有自信的語言，常常也可能是「惹人厭語言」，會讓你孩子的朋友越來越少，讓團體社交產生嚴重的問題。因為聽在別的孩子耳裡，會覺得是「你覺得跟我玩不好玩，那我何必跟你玩」、「你嫌我太笨，動作太慢，跟你一起玩也沒有樂趣」、「你覺得這一點都不困難，跟我玩你一點都不專注」，漸漸地，這一類的孩子會失去越來越多好朋友。這裡面可能有教養的因素，有孩子本身的心理因素，也可能有環境因素。

　　針對這種情況，我會簡單這樣教：「我知道你可能早就會了，可是我要玩的，跟你會的可能不一樣，而且我還可以變出更多好玩的東西，大家一起玩，會跟一個人玩很不一樣，就看你要不要知道了！而且你一直說你早就會了，會讓我很不想教你以及跟你玩，我心裡很不舒服，只是你不知道

而已。你再想想看！」

孩子為何愛頂嘴？原來如此！

　　伶牙利嘴、愛頂嘴或叛逆不服從的孩子，進到團體裡面，通常會遇到一些社交上的困難。這類孩子，多半堅持度很高，對成人的管教不容易服氣，需要家長們長時間的引導。如果父母為了引導出好品格，只是一味地禁止行為，有時候反而沒有教進孩子的心裡，更會讓孩子覺得你不關心他，進一步就可能傷害了親子關係。

　　大人要注意盡量避免說這樣的話：「這個也不懂，你到底要我說幾次！」、「動作這麼慢，誰受得了你啊！」、「這麼簡單，你怎麼連這個都不會！」、「現在不准辯解，我說怎樣就怎樣！」、「你就是愛騙人，這次我不會再相信你的。」、「因為你是小孩，這個只有大人可以做，所以不行！」像這樣，爸媽常用的教養語言，不但沒有讓孩子服氣，反而讓孩子更叛逆，甚至孩子會模仿用於他的同儕互動裡。

此外，面對孩子出言不遜的狀況，父母可以先靜下心來分析背後的原因。一般來說，如果孩子講出難聽的話，說話不得體，大致能歸納為以下幾類，父母可因應不同的狀況予以妥善處理：

狀況一　孩子認為自己很重要的權益被剝奪了，所以要抵死捍衛。

如果父母已訂好家規，要求孩子遵守時卻被孩子頂撞，可以引導他回想原本制定的規矩是什麼，而自己剛剛的行為其實違反了規矩。同時告訴他，可以怎麼做才是符合家規。先不要隨著孩子的惡言相向，忘了好行為該如何引導。最後，再帶著孩子分析自己的語言。

父母的處理方式　引導孩子回想制訂的規矩。

狀況二　孩子認為環境的限制太多，沒有表達意見的空間。

孩子在兩歲以後，自主性就會越來越高，越多的禁止會讓孩子與家長的距離變遠，親子關係變差。此時，父母應該開放一些選擇權給孩子。例如吃飯時，可以提供多種菜色，

但是由孩子自己選擇吃什麼。

在親子的溝通上，要求孩子「不准做……」的同時，也必須明確告訴孩子背後的原因。例如不能玩插座，因為會有危險，並且提供孩子其他「可以做……」的選擇。

最後當然要跟孩子說明出言不遜無助於權利的開放，並帶著孩子，由父母示範一次適當的語言表達，才能幫助孩子說出真正想說的話。

父母的處理方式 提供孩子「可以做…」的選擇。

狀況三 欺負教養弱者。

家有山老虎，當然會去欺負小貓。例如，媽媽很在意孩子對大人說話不禮貌，並會嚴格處罰。但如果阿公阿嬤並沒有這樣的規矩，孩子就容易對阿公阿嬤大小聲，甚至頤指氣使，這時候大人管教態度的一致，就變得非常重要。

環境中如果大家一致要求孩子說話要得體，孩子才會打從心裡認定這件事是所有人在乎的，不會鑽教養漏洞。

父母的處理方式 管教的態度要一致。

狀況四 長期被過度溺愛，養成不恰當的說話習慣。

有些家長認為，孩子還小，不好聽的話是透過模仿而來，長大自然會成熟懂事。針對孩子對大人出言不遜的態度，不加以處理，長久下來，就會養成不恰當的言語行為模式，這就是過度溺愛了。

有研究證實，好習慣要比壞習慣多花五到十倍的時間練習；也就是說，如果適切的言語行為需要一百次的經驗養成，那麼一個不良的言語溝通只需要重複十次，之後就會形成終生的習慣。

孩子的好習慣總是比壞習慣難以養成，所以家長的態度相當重要喔！

父母的處理方式 提供良好的行為習慣做楷模。

第三章

行為的秘密

1

最難教的孩子，其實個性跟你最像

我家孩子真難教

才3歲，脾氣就這麼硬，怎麼這麼難教呢？

王老師的神回覆

你有沒有覺得，最難教的孩子就是跟你最像的孩子。

「孩子怎麼這麼難教，這個性到底像誰呀？」相信許多父母都曾有過這樣的疑問與感慨。

　　像是最近就有很多媽媽跟我說：「孩子的個性跟我很像，而且越大越像！」我會回她們說：「是啊！教別人很容易，教自己很難。」

　　其實，分析孩子的個性不難，只有四種：像爸爸、像媽媽、像爸爸＋媽媽、不像爸爸也不像媽媽。而且，孩子也會像一面鏡子，讓你看見自己。

想要懂孩子，父母要先懂自己；想要改變孩子，父母要先改變自己

　　很多爸媽跟我說，現在的孩子真難教，究竟該怎麼辦。我會試著引導父母讓他們知道，如果你覺得找不到跟孩子好好溝通及相處的方法，有時候真的是和學不會跟自己相處有關係。我們往往還無法充分了解自己的個性，就要開始教孩子，這樣一定會常常跟自己的鏡子遇到撞牆期。

　　舉例來說。有時候我們覺得他們很固執，但其實我們也

很堅持；有時候我們說他們很霸道，其實我們也沒多給他們一些時間與機會，或給予尊重及選擇；有時候我們說他們很愛唱反調，其實有時候我們也是反反覆覆的，動了許多心機去硬拗自己什麼都是對的；有時候我們說他們很沒耐心，其實我們在教導他們時也常沒什麼耐性，連五分鐘都沉不住氣。

遇到教養撞牆期時，針對不同教養類型的父母，我有下面幾個建議。

一、被孩子吃得死死的爸媽

如果你是被孩子騎在頭上的爸媽，不如改變你原先的教養方式，軟硬兼施，讓孩子看到不同的你，也看見你的教養不只有一種方法，有幽默逗趣的時候，也有堅定規範的時候，這樣孩子才不會知道，你總是出哪招。

二、教到很挫折的爸媽

先改變自己的觀念。孩子不聽話及喜歡挑戰，跟你的方法對不對不見得有關。每個孩子都有自己的個性，你要依孩子的個性去調整教養方式。

例如，情緒很急的父母，可能要讓孩子看到有耐心的好處；個性很倔強的父母，可能要讓孩子感受到溫柔；很固執、一定得按照自己的意思做的爸媽，可能要讓孩子覺得事情是有彈性、可以有更多選擇的。

三、每天都提心吊膽的爸媽

很多爸媽也很擔心，今天孩子會不會再闖禍了？今天會不會又被寫聯絡簿了？會不會又犯同樣的錯了？

在孩子出門前，你可以跟孩子講一句話：「我相信你！我知道你會盡力的！」這句話，除了可以增加孩子對你的信任及關係之外，也是要你講給自己聽的。因為，如果你對孩子沒信心，孩子對自己就更沒信心；你成天焦慮擔心，當孩子闖禍時，你心裡就會自動產生個聲音：「我就知道會這樣！」於是，就落入一個很不健康的教養心態。

哪一個孩子不會闖禍？哪一個孩子不會搗蛋？你的一舉一動，孩子都在看，孩子都在模仿，因為他是你的鏡子。

你覺不覺得，跟在你身旁的孩子，其實就是跟你個性最

像的孩子？而且會越大越像？如果我們教不會他們，其實是我們不夠了解自己，也不太願意改變自己！當父母的，請善待自己，回過頭來改變自己。

別急，教養是一輩子的事，不可能立竿見影，步調慢一點，才會看到自己，才會看到夫妻雙方，才知道下一步該怎麼做。

2

生活怪癖的科學新解

愛吃手、咬指甲，不是壓力大，

我家孩子真難教

髒死了！別再給我吃手指、咬指甲！

王老師的神回覆

明的不行，孩子就暗的來。禁止，讓你更不懂孩子！

吸手指（尤其是大拇指）和咬指甲，是兒童時期最常見的兩種口腔習慣，大多數的父母都不能接受。

　　孩子其實天生就愛吸吮手指，尤其出生之後的幾個月會越來越誇張，高峰通常持續到十八個月至兩歲。大部分的孩子在四歲時就會自己停止吃手，但有些孩子還會持續出現，直到成人時期。

　　而咬指甲也是一種常見於小孩子和成人的口腔習慣，但鮮少發生在不到三歲的孩子。而三至六歲時，有咬指甲習慣的孩子比例卻會迅速增加，並隨著年紀而逐漸增長，在青少年時期會達到高峰，接著再逐漸減少。根據研究發現，七至十歲的兒童有二十八％至三十三％的比例有咬指甲的行為，十九％至二十九％的成人有咬指甲的習慣。

不良的口腔習慣，不需過度焦慮

　　孩子為何會有吸手指或咬指甲的欲望呢？通常認為這是用來讓自己感到舒適愉悅、減壓，甚至也被認為是種衝動控制異常的行為，但其實至今仍無定論。尤其像吸手指，它是

一種能撫慰自己、讓自己感到愉快的行為，所以孩子吸手指不一定是有心理壓力或焦慮時才會產生。

不過咬指甲就不一樣了，近年來的研究已經推翻了孩童是因為緊張焦慮而咬指甲的這種理論。研究發現，孩子咬指甲主要是出現在無聊或是正在處理困難的事情時。無聊時選擇咬指甲的行為來排解，可能和平時的活動量較不足及感覺統合異常有關；而處理困難事情時咬指甲，則是藉此提升當時的專注力。當然也有五成以上的孩童是因為遺傳，或透過觀察父母或兄弟姊妹等環境因素，進而學習他們的咬指甲行為。

雖然吃手、咬指甲和孩子心理層面的拉警報無關，但可不代表和其他發展無關喔！除了衛生問題外，吃手、咬指甲都可能會影響牙齒的咬合。臨床發現過度地吸手指，會影響上顎或牙齒的排列，所以美國兒科醫學會建議五歲後就一定要處理。

另外，過度地咬指甲，也會影響指甲的生成。甚至也有學者推測成人時期的吸菸或咀嚼口香糖的習慣，和兒童時期

咬指甲是有關連的。

不過根據二〇一六年的研究發現指出，兒童早期有吃手、咬指甲習慣者，在兒童時期、甚至成年時，較不容易有過敏的情況發生，很有趣吧！不過這可不是在告訴你，就要鼓勵孩子繼續這些習慣，而是提醒你別太過度擔憂、焦慮。

吃手成癮這樣戒

該如何讓孩子減少這些習慣呢？針對不同年齡層，會有不同的策略。如果是兩歲以下，比較是口腔期作祟，食物種類材質的滿足、適時給些小點心、讓孩子有適當的觸覺操作經驗是很重要的。

至於兩歲以上，就該試試以下這些策略了。

方法一 給予充分的感覺刺激

應使用觸覺刷，尤其是刷指尖，因為感覺統合中觸覺和本體覺刺激較少，會使孩童想尋求其他刺激。

另外，多一些精細的操作活動，例如撕貼畫、摳貼圓點

點貼紙、玩小積木或是有阻力的感覺統合黏土等。另外，也要檢視孩子的飲食習慣，較堅硬的、需咀嚼的、酸的食物，孩子是否較願意接觸。

方法二 溫柔的提醒

如果孩子都是在放空、無聊的時候會吃手，這時只要溫柔地提醒孩子就好。強烈禁止或者是斥責，會造成孩子的壓力，反而造成反效果。

要是在外面，建議和孩子有個默契，用手勢或特定的語言提醒孩子。若當眾明顯提醒，對孩子也可能是另一種壓力，無法自己排解時反而會在其他時間吃的更嚴重。

方法三 使用忽略的方法或是轉移注意力的方式

鼓勵從事其他活動，尤其是雙手操作的遊戲，例如黏土、玩沙、揉紙球、攀爬或其他雙手操作的組裝積木等。

方法四 增加孩子的活動量

六歲以下的兒童每天應該要有一小時的大肢體活動時間，活動中也可加入與「衝動控制」相關的遊戲，例如類似

撲克牌遊戲的「心臟病」、一二三木頭人、老鷹抓小雞、紅綠燈等等。

方法五 觀察背後的原因

如果孩子通常都是感到焦慮或有壓力時才吃手，那麼家長可以利用其他安撫的方式讓孩子得到慰藉，例如抱抱或說些鼓勵讚美的話語，你也可以給孩子一個安撫玩具或娃娃，讓他來抱抱或是用力擠壓，來排解自己的情緒。

方法六 每日親子時間

每日和孩童共同討論，目前認為困難的事情或難以解決的事情是什麼，並想辦法一同解決，也可以在親子共讀時引導。父母該提供的是引導孩子去思考解決辦法，而不是直接告訴孩子辦法，這樣才能提升孩子解決問題的能力。

方法七 善用正增強物

可以利用貼紙貼在月曆上，代表這天沒有吸手，也或者可以用「沒有吃手」就可以去公園玩、或者是多講一本床邊故事來當成獎勵。

不過如果是吸手情況很誇張的孩子，一開始就要他一整天不吸手不太可能，只要在某些特定時間孩子沒有這樣做時就該獎勵，例如坐在車上的時候等等不同的場合，這就需要你事先和孩子做好約定，利用教養方式讓孩童得知在公共場合哪些動作合宜。

方法八 充分的衛生教育

讓孩子知道吃手、咬指甲會有哪些健康上的危險，利用圖片做輔助會讓孩子更有感覺。並且平時要注意修剪和清潔指甲，以及正確洗手。

方法九 使用替代方法

如在看電視或坐在車裡，可給予一些操作小物，真的行不通時再使用防咬指甲塗液。但這是相當暫時的方法，研究發現孩子可能會因此衍生出其他替代的情緒與行為。

對成人和兒童來說，這都是非常難以戒斷的壞習慣。咬指甲的行為因為相當引人注意，因此往往會進一步影響孩子的社交人際。孩子如果有自知，但就是難以控制，接著就會

有壓力、感到焦慮，進而產生其他負面情緒或行為了。因此想要改善孩子咬指甲行為，父母應給予上述相關的正向策略，避免打罵孩子，因為研究發現，你什麼都不做的效果，還比打罵策略來得更好。

3

孩子講不聽？固執，將來更有機會成大器

我家孩子真難教

重來！不可以倒！我自己倒！

王老師的神回覆

如果一直把孩子當小孩子教，他就會一直是個長不大的小孩。

前陣子，《發展心理學》期刊的一篇文章，調查了七百多位小學生，發現兒童時期越難搞、越堅持己見的孩子，在四十年後的收入及社會成就越高。我想，這個研究最大的貢獻，不是告訴家長再也不用教孩子守規矩、有禮貌，而是要尊重孩子的思考力，當孩子提出自己的論點時，家長不要第一時間馬上反對，也要鼓勵孩子要多提問、多反思，對於所學到的知識，是可以挑戰及提出疑問的。

　　當孩子越大，堅持己見的機會就會越多，要以理服人，不要總是說：「我是爸爸、我是媽媽，我說了算！」。如果我們常跟孩子講道理，而不是用權威教養，孩子也會學習用這種方式去跟人相處，最後教養出來的孩子就是能講道理、愛思考、有主見的孩子。未來在社會上成功的經驗，當然能大大增加。

新世代父母的教育：EQ（情緒商數）＋ AQ（逆境商數）＞ IQ（智能商數）

　　現代人孩子生得少，家中寶貝總是集萬千寵愛於一身，

使不少孩子養成小霸王般的個性，等家長驚覺苗頭不對，想要開始校正孩子的品行時，往往已經錯過黃金時期，父母因而必須花更多心力引導孩子回歸正軌，過程中孩子可能會出現抗拒、憤怒等負面情緒。為了避免折損親子間的親密關係，不如從小開始正視品格教育，替寶貝培養伴他一生的優良品格力。

尤其是如果家裡有固執的小小孩，更要重視品格力。為什麼我會這樣說？因為我覺得我評估過的固執小孩，普遍都非常聰明，聰明到爸媽都搞不定，也很難了解孩子在想什麼。

有時候，我們會花很多時間，讓孩子開始學習認讀ABC，但我覺得，對這些固執、不願妥協的孩子來說，願不願意將玩具與他人分享、能不能接受彈性的意見、不要太過度的自我中心，一定都比ABC英文學習來得更重要。

大家耳熟的名詞「EQ」，代表的是情緒控管能力，而「AQ」則為挫折忍受度。以往父母們總是在意孩子的

「IQ」，認為智商才是未來競爭決勝負的關鍵。我在《教孩子比IQ更重要的事》這本書裡，都有很仔細地介紹過。

　　過去的研究發現一個相當有趣的現象，那就是：情緒控管能力高的孩子，在未來的成就竟然會更高。所以，其實只要智商在一定的標準以上，如果把「固執」用在對的方向，好好轉換成「擇善固執」，孩子未來的成功機率將會大大增加。

　　現在孩子的IQ都很高，因此EQ和AQ便成為重要關鍵，而情緒控管能力及挫折忍受度，又必須從孩子的品格教育中培養。六歲以前受的家庭教育、學校教育、文化教育，對孩子的心智發展非常非常重要，我認為也是影響固執小孩未來品格方向非常關鍵的時刻。

家有固執兒的分齡教育法

　　面對不受控、很番很盧的固執兒，如何能讓他們「擇善固執」，不變成霸道、沒教養的叛逆兒，針對不同的年齡層，應該要有不同的溝通引導策略。

一、一歲的固執兒

當一歲寶寶與家中哥哥姊姊爭奪玩具時，父母經常以「寶寶還小不懂事」為由，要求年紀較長的孩子忍讓心愛的玩具，但寶寶真的還不懂事嗎？

一、兩歲的孩子也許表達能力不夠成熟，但大致上已經能夠清楚理解成人所說的話了。從學齡前開始，家長就可以慢慢培養孩子的等待及觀察力，讓孩子了解可以有不同的遊戲方式，來達到同樣的目標。從生活經驗中，練習培養好品格，逐漸增加互動經驗，才能讓孩子接受更多與他人相處的方式。

教養重點　**訓練孩子的等待與觀察力，增加與他人互動經驗。**

二、二歲的固執兒

家中有二至三歲孩子的父母一定都知道，他們的堅持度非常高，很多都要照著自己的意思做，爸媽也常為教養問題傷透腦筋。

這個階段的孩子所能理解的事情已經相當多，但他們正

值人生的第一個叛逆期，不但愛挑戰父母的底線，即使訂定了規矩，他們也不想跟著做，經常擺出一副「我不要」的老大姿態，養成以情緒控制環境及父母的壞習慣。同時，許多基本的禮儀、規矩，也不想跟著爸媽的方向走，就是為了證明自己長大了，這時一定要建立你們自己的親子密碼。

兩歲以下的孩子，常是個不折不扣的小霸王，眼睛裡除了自己，幾乎容不下任何人，這是因為這時期的孩子自我中心強，不擅於觀察他人，也不會跟從他人的所有指令，總是將自己的想法及欲望排在第一優先。到了兩歲以後，才會開始從自我中心觀點漸漸轉為懂得與他人合作。

父母可以從遊戲或生活自理方面，以提醒的方式建議孩子。例如在吃飯時間，孩子想把自己的小椅子搬到餐桌，偏偏力氣不夠大、搬不動，卻又不肯讓父母幫忙，僵持不下，眼看滿桌飯菜都快放涼了。這時父母可以對孩子說：「如果我們一起加油，會更容易把椅子抬起來，就可以趕快吃到好吃的海苔飯團了！」孩子過去可能急於想證明自己的能力，沒有發現合作所能帶來的好處，藉由這樣的方式，可以讓

他練習開始與家人分工合作，進而發現能更快達到目的的優點。

教養重點　**練習開始與家人分工合作，訓練當小老師。**

三、三歲的固執兒

孩子到了三歲以後，已經不再是需要處處呵護的襁褓嬰兒，這個時期正是孩子開始發展團體概念的最好時機。

我常鼓勵父母，要提供三歲幼兒多一點加入團體的機會，從團體遊戲中，他們能觀察、模仿其他幼兒的行為。例如，當其他孩子在玩搭火車時，孩子可以觀察到火車遊戲的規則——「手要搭著前面的人的肩膀，亂跑的話就不能過山洞了。」透過這樣的練習，當孩子進入一個新的團體時，便很快能夠了解狀況，適應力也就越強。

教養重點　**團體經驗的累積，可以增加適應力及觀察力。**

四、四歲的固執兒

四歲是孩子從「他律」進化到「自律」的一個分界點。

四歲以前的孩子經常需要爸媽提醒哪些事情不可以、不能做，父母總得費心訂定許多管教上的教條。而面對事事需要人擔心的孩子時，父母經常脫口而出「你怎麼這麼壞！」這樣的語言，在孩子聽來，並無法了解實際上做哪些行為才是正確的。

父母應給予簡單、明確、不難做到的教養指令。四歲幼兒「停、看、聽」的能力會大幅增加，即孩子的衝動控制能力、情緒控管能力都會提升，已經能明白父母對自己的期望，也了解當自己做出哪些行為時會遭受到讚賞及處罰。

面對這個階段的孩子，父母應嘗試漸漸放手，如吃飯、盥洗、如廁等基本生活常規，都可以先示範給孩子看一次，再讓他們自己練習動手做。如果孩子已經到了自律期，父母仍嚴格管教，凡事都要替孩子做好，不給他們練習的機會，那麼孩子不僅日後無法發揮獨立思考的能力，屆時父母也會驚覺孩子凡事都要仰賴他人。

教養重點 獎勵孩子的自律行為，增加彈性思考的能力。

五、五歲的固執兒

　　研究發現，八個月大的寶寶就已經會出現分享的行為，越早讓孩子學習分享、等待、輪流等社會能力，孩子日後的團體能力會越強。

　　不過在引導孩子養成這些好品格的過程中，孩子可能會以一些「童言童語」來回應，讓父母不知如何應對，像是「這是我先拿到的」或「這是我的」，就是孩子常會說的話。

　　我常在孩子很堅持的當下跟他說：「我知道這是你的，但我很希望你待會不玩了之後，有機會給弟弟玩一下，爸爸沒有要現在就叫你給，你不要誤會我。」用這種話術跟五歲的孩子溝通，他們多半都會覺得被尊重，過了一陣子後就會放下他們的堅持，同時又能獲得父母鼓勵的機會。大家真的可以多多試試看這種「從心來教育」的方法。

　　教養重點　社會能力成熟，多獎勵他的分享、等待與輪流。

如何引導孩子的「鬼打牆」

另外還有一種孩子，凡事一定要按照他的方式去做，固執到近乎無法溝通，像這樣的狀況也很讓父母傷腦筋。爸媽都想問：「寶貝，你到底在想什麼？怎麼都聽不進去別人說的話？」

有位媽媽就曾很頭疼地對我說：「我的孩子有很重的次序感，幫他開水龍頭的水，他就非常生氣，非得要關掉讓他再開一次；電梯不是他按的，馬上尖叫大哭，要重按一次；還沒進門，就急著來搶鑰匙，一定要自己開門進去，不然就又哭又鬧的。這種鬼打牆的事好多，該順著他，還是該堅持原則？」關於這類的情況，我有幾點看法，大家先思考看看。

一、年齡還小的次序期

當孩子年齡還小，在心智發展過程中，會有一個次序期的發展，也就是對於日常生活裡的事，都覺得一定要有他的標準步驟。次序感比較重的孩子，可以被改變的彈性就比較

低，所以爸媽很容易踩到地雷。

二、最佳時機不是衝突當下

很多爸媽選擇在地雷爆炸當下，直接教育，深怕孩子變成小霸王。這樣的原則及觀念是對的，但做法不一定正確。因為孩子年齡還小，情緒一上來後，很難進到思考的層次。這當然要教，但絕佳時機是在平常的時候教，而不是總在衝突當下教。

三、孩子覺得沒有被尊重

其實小小孩也需要人家尊重，如果你告訴他什麼不可以，一定也要簡單地把原因告訴他，或者是給予其他的選擇，轉移孩子的注意力。不然，其實教養的當下，是再放大衝突，讓孩子覺得爸媽很討厭。

我最近看到一個孩子，在買玩具時不能等待排隊，跟爸媽說：「為什麼這麼久？我好想趕快玩！」爸媽跟他說：「不行，怎麼可以插隊！」接著孩子就大哭大鬧，又搥又打的。看來，父母要堅持是對的，但他們該如何面對當下的情

緒，這是當爸媽都逃不掉的一課。

　　前陣子，我的指導教授跟我說：「我本來期待你的腦科學研究結果，是推翻前一位心理學大師提出的定律，結果你順著他的理論講下來，研究就沒這麼精彩了。」我想想，真的是如此。都已經在追求最高等的學問了，還這麼中規中矩，哪有可能有什麼突破呢？如果擇善固執是通往成功道路的一扇門，那麼，有彈性的思想與思考能力，可能就是打開那扇門的鑰匙！引導孩子可以反思自己的行為及情緒，自我調整固執的行為，就是教育的目的。

4

學齡前的孩子愛玩私密部位，該怎麼辦？
難道是性早熟？

別碰小雞雞，羞羞臉！

叫他不要碰，其實是一直提醒他去碰！

經常有憂心忡忡的媽媽問我，家中孩子愛玩自己的「小雞雞」，甚至玩到勃起，該怎麼辦？也有家長說他們家念幼稚園的女孩，最近都會一個人躲在房間床上，夾緊大腿一直扭動，甚至玩到滿頭大汗，他們都沒有讓孩子看到什麼不該看的呀！怎麼會這樣，怎麼辦？我的朋友也曾問過我，她們家大班的弟弟，最近在學校午睡時居然都會和同學互玩對方的小雞雞，當老師跟她說時，她都快昏倒了。

當這些像自慰的動作，竟出現在學齡前的孩子身上時，家長第一個反應一定是開始檢討，孩子到底是從哪裡學來的，再來就是對孩子進行說理、性教育，並且推出「禁止令」，跟孩子說：「羞羞臉，別再有這樣難看的動作！」

假性自慰，是探索身體的正常現象

其實，很多時候，是我們先想得太嚴重了，結果反而放大了這種行為。

首先，孩子探索自己身體是正常發展的過程，例如嬰兒會玩手、吃腳腳等，他們會利用各種不同動作去探索自己的

身體，當他們發現某些動作會令自己感到愉快或安撫時，這樣的動作就有可能會重複出現，例如男孩女孩摸到自己的生殖器官或大腿夾緊搓弄刺激生殖器官，這樣的現象醫學上稱為「嬰兒期的自我滿足」，這樣的舉動可能在寶寶兩個月左右就出現，甚至有文獻指出胎兒在媽媽子宮內時就有這樣的動作，一般而言三歲前會消失。

但你以為這樣就從此杜絕了嗎？錯！這樣的自我性刺激行為到了四至五歲，又是一個高峰，醫學上給了另一個名稱叫做「兒童早期的假性自慰」，會隨著年紀會逐漸消失。通常十歲前的自慰行為，都是屬於正常成長過程的現象。

根據目前的研究，嬰兒或兒童早期的自慰行為並不像青少年時期的自慰行為，是由荷爾蒙所驅使，反而多和情感剝奪有關。例如：

❋ 太急於戒除親餵母奶。

❋ 手足的誕生。

❋ 與父母分離。

❋ 睡眠問題造成。

❋ 與生氣、無聊、焦慮、感到壓力有關。

❋ 泌尿生殖器官部位的感染也有可能是原兇，因為癢，孩子會去抓反而讓孩子注意到了這個部位。當然，但這也可能是結果，因為自慰行為多了，而造成泌尿生殖器官的感染。

❋ 有些家長會將小男生的包皮翻出來洗，提醒了孩子去感受這種刺激。

其實很多孩子就是利用這樣的行為來調節自己的負向情緒，安撫自己甚至紓壓，這也就是為什麼當父母發現時趕快搬出「禁止令」卻常會失敗的原因，因為孩子反而因此感到更焦慮緊張，更需要有管道調節自己的情緒。

「孩子，你在做什麼？！」

不論是「嬰兒期的自我滿足動作」或者是「兒童早期的假性自慰」，它們講的其實是同一件事，所呈現的動作也都很像。和真正的自慰不同的是，它們不會有「操弄」生殖器

官的動作，其典型的特徵有：

- 夾緊大腿、扭動骨盆、規律地摩擦生殖器官附近部位。
- 伴隨漸歇性的喘鳴聲、不規則的呼吸聲、臉部泛紅、流汗。
- 時間長短不一（短至幾秒鐘，長至幾小時）；頻率也不同（有些一次就停止了，也有可能持續好幾次）。
- 過程中意識相當清楚。
- 可因轉移注意力而中斷。
- 各項理學檢查都相當正常，例如腦波。

　　通常孩子有這樣怪異的動作，家長都會很擔心，會不會是癲癇、還是孩子有肚子痛等問題，特別是當孩子的表情呈現不愉快時，連許多國外文獻都指出有醫師診斷錯誤的情形。因此建議家長當不確定時，還是將孩子的行為拍下來，請有經驗的醫學專家判斷比較好。

以正向引導代替責怪

　　既然嬰幼兒時期的自慰行為是孩子探索自己身體，進而重複出現用來調節自己情緒的行為，就要把它當作像孩子吸手指頭、咬指甲、搖擺身體等其他同樣會令他們覺得舒服的行為來看待，先別大驚小怪，任何禁止或責罰都可能讓孩子受挫焦慮，反而增強這樣自慰行為的出現。以下提供八種處理方法。

一、忽略或轉移

　　當孩子出現自慰行為時，最好的方式就是「忽略」或「轉移注意力」。

二、提供知識

　　選擇適當的時機提供孩子正確且適齡的性知識，讓孩子知道世俗上哪些行為是合宜的，哪些行為是不好看會被取笑的。

三、紓壓

　　重新幫孩子找到紓壓的方法，也就是找「替代行為」是

很重要的，例如鼓勵孩子從事他有興趣的活動或玩具，像畫畫、黏土、追逐跑跳等。

四、引導

趁孩子長大，也是一個終止這樣行為的好時機，例如：「妹妹妳四歲囉！長大了，晚上不可以再包尿布囉！在外面也不可以隨便抓下面囉！好不好？」

五、討論壓力源

與孩子談論時，也盡量不用有色的眼光，記得孩子的出發點是紓壓、滿足自己，所以找到孩子焦慮的原因才是比較重要的。例如：「妹妹，媽媽知道妳抓抓是因為這樣很舒服，但是長大了，這個行為不好看耶！是不是因為最近幼稚園換老師了所以妳感到緊張呀……。」

六、感官調節

既然這樣的行為通常與情感調節有關，從感統的角度來看，有幾個方法也能達到紓壓的效果，例如與孩子多擁抱（深抱）、按摩、利用觸覺刷、運動（增加白天活動量）、攀

爬等出力相關的活動，藉由這些觸覺本體覺的刺激，也能幫助孩子調節負向情緒。

七、教養壓力

當孩子出現自慰行為，家長的確需要檢討，但絕對不是去思考孩子到底是從哪裡學來的，而是該檢討自己是否就是孩子的壓力來源，並設法調整。

八、生理清潔

避免泌尿生殖部位感染，除了清潔外，還要減少穿較緊身的褲子或褲襪，特別是現在很流行的內搭褲，若彈性與透氣性不佳，在悶熱的季節就很容易有感染問題。

最後，要讓家長放心的是，嬰幼兒時期出現的自慰行為通常都會隨著年紀漸長而消失，不會像家長擔心的會一直持續到青少年時期的自慰行為，甚至以後有性相關的問題。

不過值得注意的是，有研究指出，嬰幼兒時期曾出現自慰行為的孩子，後來有注意力缺損過動症的比例也較高。雖

然研究的受試者相當少，但站在預防醫學的角度，若能及早

關切、及早介入處理，豈不是更好呢！

5

「都是你害的！」為什麼孩子老愛怪別人？

我家孩子真難教

我的玩具不見了啦！為什麼沒幫我收好？都是你害的。

為什麼我的孩子老愛怪東怪西呢？

王老師的神回覆

大人犯錯了，不也多半先怪別人，誰會怪自己？

某天，我們父子倆僵持不下。因為老大自己動作太慢，又刻意不把鞋襪擺好，所以我懲罰他不能吃餅乾。最後，他很氣憤地又蹦出四到六歲的經典名句：「都是你害的啦！」。我覺得這種遷怒的行為不教實在不行，決定親上火線。

遷怒，有時候是教出來的，最後就變成壞習慣

　　大家有沒有覺得很奇怪？我們大人又沒有對他們常講這句「都是你害的」，為何孩子會琅琅上口？

　　看到孩子的問題行為時，千萬別急著對自己的教養產生自責心態，而要往正向樂觀的方向去分析。會造成這樣的現象原因可能有三個：

一、孩子的個性比較急，耐性還不足

　　四歲以上的孩子，雖然同理心開始成熟，但有些孩子仍然衝動性高，難以等待。在四歲前，「出手」的機會高；而四歲後，則是「出嘴」的機會高，這是因為衝動控制尚待成熟，同時也在正常發展中，耐性需要被教育。

二、孩子求好心切、要求完美

有些孩子看到自己的作品或事物被剝奪或破壞，覺得事情發展不在自己的計劃內，又或不在自己的規則裡，頓時發現努力白費，而轉換成憤怒的情緒。這是情緒的覺察在成熟中，也是正常的發展，同樣需要我們教育。

三、孩子凡事要求公平、需要父母更多關切

有些有手足的孩子每天爭吵，為的是要能力不落於自己兄弟姊妹之後，於是就會討更多的「公平」，引來父母更多關注。

「都是你害的啦！」這句話，就因此變成保護自己的語言，這是社會及社交能力還沒成熟，也是正常的，更需要我們教育。

如果「都是你害的啦！」是孩子一種情緒的發洩，那身為父母的我們，以「你給我住嘴！」、「你再給我講講看！」等方式回應，就有可能不太對了。

那時，我把老大叫過來，接受他的情緒，告訴他：「我

知道你生氣！你可以說我很氣，但不能說有人害你，因為你先選擇了動作慢吞吞，才有這種結果。下次，當爸爸再提醒時，我相信你一定會努力做好！」

晚上睡覺前，孩子像許多其他的小孩在犯錯後會問大人地問我：「爸，你還愛不愛我？」

這其實是孩子慚愧的道歉訊號，千萬別因為氣頭上而吝惜說：「我一直很愛你！」……

6 不能等待的孩子，將來不容易成功
「我現在就要！」缺乏耐性、

我家孩子真難教

妳上次說等我數學考100分就要帶我去迪士尼樂園玩，妳都騙人！

我只是隨便說說而已，怎麼可能帶她去！這下該怎麼辦？

王老師的神回覆

做不到的教養，就不要輕易說出口！

最近，看了一本好書《忍耐力》，這是「棉花糖實驗之父」、研究自我控制的權威學者沃爾特‧米歇爾（Walter Mischel），在近五十年來，首度走出學院，為一般讀者而寫的心理學經典鉅作。書中以深入淺出的方式，全面揭露迅速強化意志的祕訣。他的研究指出，不管大人或小孩，自我控制都是可以培養的。

先別急著吃棉花糖！

能行使自我控制，才能擁有真正的選擇。現代科學傳達的重要教訓是，我們的命運並非完全由基因決定，在媽媽的子宮裡其實只寫好十分之一的劇本；人類大腦的構造，比原先想像的更具可塑性，因此我們可以決定自己怎麼生活，積極地塑造自己的命運。很多人說，三歲定終生，我說：「大錯特錯！其實，後天比先天更重要。」這也是我出版這本書的目的！

始於一九六〇年代末期，著名的「棉花糖實驗」是這樣的：實驗人員給小孩一顆棉花糖，也給他一個選擇：現在就

吃，而且只能吃這一個；還是要等一會兒再吃，但是可以吃兩個。結果那孩子會怎麼做？這對他日後的行為發展有何啟示？知名心理學家米歇爾透過源於棉花糖實驗的長期研究成果，發現了自我控制的機制與掌握此機制之祕訣；並證明延遲享受的能力，是追求成功人生的重要關鍵。

根據此種能力的有無，可預測當事人日後在學術能力測驗（SAT）的成績、是否能表現出更好的社交與認知功能、是否擁有更健康的生活方式，以及能否感受到較高的自我價值感等等。

不過，意志力是天生的嗎？可以經由後天培養嗎？

缺乏耐性的五大訓練法

我常被爸媽問到「孩子很沒有耐心該怎麼辦」這個問題，該是跟大家討論解決方法的時候了。

小孩無法等待，沒有耐心，久了便養成愛發脾氣的習慣，一個個變成情緒小霸王。我覺得這個時候，最重要的就是與孩子溝通，培養他們延遲滿足的能力，而不是直接跟孩

子說：「我說不行就是不行！」

一、缺乏耐心的棉花糖訓練

學習棉花糖實驗跟孩子說：「你如果可以現在不買車子玩具，忍耐一個星期之後再說，除了車子玩具外，還加碼讓你選擇全家出遊的地點，獎勵你等待。」利用時間上的延遲，逐漸訓練忍耐力，孩子可能會從等待中，發現原來其實自己並沒有那麼想要那件東西。

二、缺乏耐心的思考訓練

父母可以說：「我有聽到你說你想要，但這個東西並不在這次的計畫中。爸爸媽媽現在能答應你的是，我們回家後討論要集多少點數或金錢才能買、何時可以買、為何需要買？我們可以一起討論再下一次的計畫。」給孩子適切的期待，引導孩子進一步思考，而不要每一次都直接拒絕孩子。

三、缺乏耐心的表達訓練

跟孩子好好溝通，可以這樣說：「你想要的東西有好多種，如果看到每一個想要的東西，都要用生氣的方法來討，

反而浪費好多時間，最後的結果爸爸媽媽只看到生氣的你，也會忘了你要什麼，所以爸爸媽媽鼓勵你好好說，也是為了聽清楚你的需求。」

四、缺乏耐心的衝動訓練

跟孩子說：「我的建議是，你現在先不要急不要哭，記不記得你上次，我們也有想到辦法，最後也解決了，可是哭鬧，就沒辦法坐下來討論了。」引導孩子表達，可以讓孩子的情緒變緩，也沒有同意孩子的予取予求。

五、缺乏耐心的時間訓練

因為孩子的時間觀念還沒有發展成熟，所以會擔心等不到想要的目標或東西。你可以說：「爸爸媽媽說的『等一下』，是『數到一百』（是『十分鐘』，或『唱完一首歌』），你如果有等、有忍耐，而不亂生氣、亂哭鬧，我一定會說到做到，好好跟你討論。」像這樣，對孩子說出具體的等待時間，不要讓孩子每次都失望。

7

該如何管教？孩子越大，主見越強，藉口越多！

我家孩子真難教

不收玩具就丟掉！我說這樣就這樣，沒有為什麼。

為什麼要收？爸爸壞壞！哼！

玩具箱

王老師的神回覆

很會頂嘴的孩子，有時是被訓練出來的。

很多媽媽問我，現在孩子精得很，挑戰叛逆的語言一堆，連很小的孩子都會挑戰權威，好難教！情緒就像一顆球，孩子丟出來，當爸媽的應該要適時轉化這些脾氣，千萬不要用情緒硬碰硬，不然過一陣子你就會在孩子身上發現自己的影子。

當孩子說「等一下」、「我不要」、「為什麼」

以下是在教養上，遇到孩子的挑戰語言時，我認為親子間可以各退一步的做法。

狀況一 當小孩說「等一下」時

孩子其實很沒有時間概念，所以孩子動作拖拉慢，有時他覺得並沒有讓你等很久，所以就用這句話來塘塞。另外，其實我們在教養中，也常常跟孩子說「等一下」，結果卻讓孩子等很久，這也是讓孩子時間概念更模糊的做法，孩子會模仿學習起來。

> 爸媽可以這樣回應 「我已經給了一次機會，再等最後三十秒就不等了，我一定說到做到。」

狀況二 當小孩說「我不要」時

　　自從六、七年前我開始在網路上回答教養問題起，最常被問到的就是兩歲這個「不要不要」的年紀。我們家的老二，之前也正處於這個年紀，最近這幾個月看到網路上家長們的問題，都不禁會心一笑，怎麼全天下的兩歲小孩都差不多啊！

　　老是說「不要」、明明會的事情也故意耍賴要人幫忙、說了不可以做的事情偏要去做、動不動就用哭鬧的、一直都在討抱抱，有時甚至賴在地上……。沒辦法，這是孩子心智成熟的必經過程，他們想要宣示自己的獨立性，常常以自我為中心，挑戰大人，達不到目的便以哭鬧方式宣洩溝通，企圖挑戰成功。這樣的情緒行為表現會持續多久、強度有多強，端看大人們的教養態度正不正確了。

　　前陣子，只要不順老二的意，他便是用大哭尖叫的方式，接著就是吵著要抱抱，我和太太的處理方式都是冷靜地告訴孩子：「你不哭，哭完了才有抱，哭就沒有抱。」接著大人就是去做自己的事，並偶爾提醒孩子：「不哭就來抱，

哭完了嗎？」不禁止孩子哭，是我覺得很重要的教養原則，如果不是生理的其他原因（例如：肚子餓、想睡覺⋯⋯），往三歲邁進，孩子哭鬧的強度和時間很快就逐日減少。

以前我家孩子在阿公阿嬤家，白天哭鬧行為沒有減緩，因為阿嬤認為孩子哭太久不好，所以都會屈服及順從。但看過我們的堅持有了一些效果，老一輩雖然也想下定決心改變教養方法，但孩子是聰明的，他們會想：「以前用哭的有用，怎麼現在會不能對付你。」於是就哭得更激烈一些，就這樣，又讓長輩們陷入另一個深淵了。

但這種情況並非無解。大家仔細想想就能發現一個秘密，那就是孩子漸進操弄的情緒，都是在找觀眾，一場戲如果沒了觀眾，演員也演不下去了。所以，我建議如果你發現孩子就是在針對你，離開戰場或換手，有時是不錯的方法。

爸媽可以這樣回應 「我有聽到你說不要，但大哭尖叫的方式，我無法知道你要什麼，我可以等你好好說，但我無法接受你亂生氣的不要。」

狀況三 當小孩說「為什麼？」時

　　曾經有個孩子當面對著麻麻說：「為什麼我要聽妳的？」、「為什麼妳可以，我不行？」這種挑戰叛逆的語言，讓爸媽急著跳腳，覺得好難教。其實對於這些在測試大人底限的話語，我們真該想一想及冷靜後再回答。

　　因為如果你氣急敗壞地回答：「因為你是小孩，再沒大沒小我就修理你！」一點說服力都沒有，而且把火山口堵住，下次絕對有更大的爆發。但如果心平氣和地回答：「我們來想想，這是共同訂過的規定，並沒有針對你，你可以繼續說。」這樣的提醒，才能刺激孩子思考，讓他從表達裡，知道自己說的是歪理。

> 爸媽可以這樣回應　「這是我們共同的規定，大家都要遵守，很公平。你可以問為什麼，但我只回答一次，之後你就要自己想想看。」

面對挑戰語言時該如何教

當孩子說	父母可以這樣做
「等一下」	訂出確切的時間（「好！我等你一下，就數到100」）。
「我不要」	「我沒有問你要不要！」或「我有聽到不要，你不用再說兩次。」
「為什麼？」	「那你覺得為什麼不？」有時反問為什麼，可以避免孩子為反對而反對。

可以忽略，但不能冷漠

　　其實處理「麻煩的兩歲」，大人堅定一致的教養態度最重要，清楚地訂出規矩且遵守，孩子才有所適從。

　　如果爸媽們一味地滿足孩子的需求，只會讓孩子更自我，讓孩子動不動就拿情緒來當武器，這樣反而容易養出沒禮貌、沒同理心的孩子。當孩子真的哭鬧得很嚴重，「隔離懲罰」對小小孩是一個很不錯的方法。我們家的阿嬤現在也會在孩子哭鬧嚴重時帶孩子到房間哭，清楚地告訴孩子：「要哭就在房間哭，哭完我們再出來吧！」下次孩子又哭時，只需要提醒孩子要去房間哭嗎？孩子很快就會停止，

耍賴的行為也逐漸減少。

處理孩子情緒問題最忌諱使用暴力，這個年紀的孩子什麼都會，你情緒化，他只會更情緒化，以後一生氣，動作可能就出現了。雖然孩子每隔一陣子可能就又有新招來挑戰大人，像我太太就覺得好像每天都在和孩子鬥智，不過這何嘗不是一種生活樂趣呢？

另外，兩歲的孩子身體活動量比起一歲，增加相當的多，是需要有足夠的戶外活動的。每天至少半小時的跑跑跳跳，到戶外曬曬太陽，有助於孩子正向情緒的發展。生活中，當孩子的行為表現有進步（例如：孩子自己脫了鞋襪等，是在證明自己獨立的行為），一定要即時讚美鼓勵孩子，不要都當成理所當然，不然孩子就會用負向的行為（如：破壞東西、打人、尖叫等），來吸引大人的注意力！

如果你發現孩子的情緒都只演給你看，當然可以忽略他一下；但接下來如果孩子暴跳如雷，那表示孩子的訊息很想讓父母接受到，他覺得大人過度冷漠了！

面對哭鬧的回應法

很多媽咪來到「天才領袖」問我，放著讓他哭，哭累了，孩子自然會停，這樣的教法對不對？其實，在行為科學上，我很擔心媽咪們如果曲解了「忽略」的定義，執行出來的教養方式，反而會讓孩子感受到的是「冷漠」。

例如，一個孩子已經很明確地跟你表達「我要你陪我玩」，可是爸媽都在忙，接下來孩子一定會出現兇、拗、「番」、哭、鬧等行為來吸引爸爸媽媽的注意力，以達到他的目的。很多人的做法是，不理他及忽略他，認為這樣下次孩子就不會出現這種不對的哭鬧行為，自己就能學會該怎麼做。但其實這只對了一半。

孩子的哭鬧行為出來後，其爸媽可以用下面五個步驟來處理：

第一步：要先蹲下來跟企圖發脾氣的孩子說：「我們在忙，我知道你想找我，我都聽到也看到了，你等我五分鐘我就會去找你！」

第二步：進一步對孩子說：「這中間如果你都可以好好

說，沒有哭，沒有鬧，沒有尖叫，我等一下就會好好陪你及獎勵你。」

第三步：再對孩子說：「如果你哭鬧，又追著我尖叫抗議，我聽不到你要什麼，事情沒辦法開始做，而且陪你玩的時間會變少。」

第四步：信守你的承諾，鼓勵孩子剛剛做到等待，分析孩子比上次好的地方給他聽。

第五步：下次當孩子又要開始哭鬧時，提醒孩子：「你上次就做得很棒，你這次也可以試試看喔！」

爸爸媽媽們要注意，行為教養學裡，並沒有一招教你對孩子冷漠，這可是會破壞孩子的信任關係，讓親子間的互動大大地打折扣的。如果孩子要找你，而且是帶著情緒的，請先理理他，讓他感覺到關心，並進一步了解孩子的需求，再決定你下一步的做法。

第四章

健康的秘密

「我不吃！」父母這樣教，才是讓孩子偏食的原因

我家孩子真難教

到底要我餵到幾歲？

王老師的神回覆

你信不信，被餵有種幸福的錯覺？

為了孩子的吃飯問題，幾乎每個家庭都上演過家庭革命、親子戰爭吧！

　　根據統計，大約有二十五％至三十五％的幼兒及學齡前孩子，被父母反應有偏食的問題。但身為父母的你，可曾想過孩子的挑偏食問題，你才是那個元兇嗎？因為，大多數的挑偏食孩子並不是天生的！

　　對於偏食，以下有八件是父母常做的錯事。

錯誤一、孩子身高體重不如人，要多吃一點。

　　在孩子出生的第一年，平均每個孩子會增重七公斤、增長二十一公分。到了第二年，平均會再增長二‧三公斤、十二公分，也就是說兩歲孩子的平均身高體重是十二‧三公斤、八十七公分。到了二至五歲，生長速度就會減慢，每年大約增重一至兩公斤、增長六至八公分，許多孩子也就會跟著出現食慾降低的情形。但許多爸爸媽媽會誤以為這樣的平均體重才是正常體重，其實這是相當不正確的。

　　每個孩子都有自己的生長曲線，只要在生長曲線百分之三至百分之九十七之間不一直浮動，都屬於正常，像是體型

較嬌小的孩子，食物的需求量本來也就會比較小，不該迷信胖嘟嘟才是健康，這樣反而會讓孩子討厭吃飯。

> **正確觀念** 身體能量消耗和需求是有一定的平衡的（也就是「供需平衡」），應該要能接受嬌小的孩子會食量小，也要接受孩子有食慾差的時候。

錯誤二、怕孩子營養攝取不均衡，所以要盯著孩子吃。

　　兩歲開始，孩子會希望有自主權、爭獨立，所以希望能自己吃飯，自己選擇食物。但是當父母給予壓力或過度干涉孩子食物的選擇時，便容易造成孩子放棄獨立進食，要人家餵，甚至嚴重就是討厭吃飯。

> **正確觀念** 尊重孩子的選擇，了解食物是有替代性的（相同的營養素可在不同的食物中攝取），適時鼓勵孩子攝取（即使只吃一點點也是個成功的開始）。

錯誤三、不要因為孩子一、兩次不吃就認定他挑食。

年紀比較小的孩子天生就傾向懼怕新事物，包括食物，而這點卻常被不理解的大人誤以為孩子會挑食，甚至直接就脫口而出「弟弟不吃青江菜」，甚至還擅自推敲「大概是因為青江菜有點味道吧！」如果是這樣想就糟了。

因為這個年紀的孩子記憶力最好，他會直接不明就理地記住大人說的話，下次看到青菜，就更不會吃了，甚至語言能力好點的還會告訴你：「弟弟不吃，有味道。」如此，你原本無心的行為反而強化了孩子的挑食。

正確觀念　善用「食物包圍法」。很多孩子都喜歡玉米、馬鈴薯泥及起司的味道，通常可以讓小朋友先吃一些這類他們偏好的食物，讓喜愛的食物味道存於口中，然後再讓他們吃一些不喜歡的菜（如：花椰菜、紅蘿蔔、番茄），降低後者食物對孩子的直接衝擊，引導孩子慢慢接受其實沒有這麼可怕。

另外，我也很鼓勵多陪孩子玩煮菜的扮家家酒遊戲，不管是食物切切樂，或夾夾樂，都可以讓孩子從自然遊戲中，認識更多蔬菜水果。透過煮菜遊戲，孩子的主導權比較多，可以影響孩子對食物的刻板印象。比起飲食中，孩子的主導權較少、較被動，剛好可以平衡一下。

錯誤四、孩子正餐吃不多，等肚子餓就多餵一些奶吧！

　　攝取過多的飲料（例如牛奶、果汁）和甜食，是會影響對其他食物的慾望的。特別是那些較高熱量、且營養密度高的食物，嚴重甚至會影響孩子健康，因此在正餐之間或點心時間，千萬別放任孩子亂吃。

> **正確觀念** 通常孩子一天三餐可能會有大小餐的現象，這是正常的，因為生理上而言，他們每天攝取的總量還是會差不多的。所以別因為一餐吃不好，在點心時間就狂給其他食物，這樣只會影響下一餐的進食喔！

錯誤五、孩子是欺負我嗎?為何跟著保母或老師就願意好好
　　　　吃飯,回家後卻不吃?

　　有研究證實,家庭功能環境與孩子的進食習慣是有關連
的,也就是說孩子不愛吃,和親子關係不良是有關係的。如
果孩子跟你在一起會更不愛吃飯,很有可能其實他是在引起
你對他的注意喔!

> 正確觀念　對於忙碌的爸爸媽媽來說,每天通常只有一餐
> 可以陪孩子吃飯,建議這個吃飯時間應該更
> 加愉快,別有太多的限制,例如,強調吃快一
> 點、全部吃完、青菜一定要吃掉……等等。應
> 該讓用餐氣氛更加愉快,且多多誇獎孩子的小
> 小表現。

錯誤六、為了讓孩子多吃幾口飯,無所不用其極。

　　很多時候家長會用許多方法來讓孩子多吃幾口飯、或多
吃幾樣菜,例如威脅、激將、斥責、懲罰、請求、賄賂或強
迫等等,其實根據研究,這些方法反而會讓孩子不喜歡吃
飯,少吃幾口飯。

用逼迫的方式要孩子吃進食物，孩子對挑食的食物反而會心生恐懼。在餵食的過程，希望父母能把「都不吃！你再給我吃一口，不然給我試試看！」的教養語言，轉換成「這是最後兩口！媽媽保證。而且你有進步了！」在面對挑食行為時，最重要的是要當個守信用的爸媽，這樣下次與孩子才有談判的空間。

錯誤七、孩子都不愛吃東西，我都要把孩子餵飽才能吃飯。

　　孩子天生就愛模仿，家人和同儕也是孩子發展飲食習慣和食物偏好最佳的模仿對象，所以和家人同儕同桌吃飯，孩子會更有動機去吃飯，並且嘗試不同種類口感的食物。

至少從孩子一歲左右，就該建立和家人同桌吃飯的習慣，因為這時候的孩子慢慢可以吃桌上的食物（可能需要剪碎一些），而且吃飯時間也被調整成比較規律。同桌吃飯的最大好處就是模仿學習大人或同儕的飲食習慣，也比較不會偏食。

錯誤八、讓孩子吃飯時一定要「配」電視或手機才吃得下。

你知道嗎？根據研究，用餐氣氛才是影響孩子吃飯行為的最主要因素，有耐心地引導孩子才能得到正向的效果。讓孩子分心以方便餵食（例如讓他們看電視或手機），又或以責罵爭吵的方式，都只會造成反效果。

尤其是許多家長很喜歡用「分心」這一招，因為可以讓孩子多吃幾口、或吃進去他們會挑食的菜，但其實下次當孩子主動吃的時候，孩子還是不會吃那些菜，而且更習慣被餵，使得該有的吃飯行為並未被建立。

另外，過度的堅持用餐禮儀或習慣，例如吃完才能離開座位、不可以用手抓食物等等，對於正在建立飲食習慣和食物偏好的幼兒而言，也是不適合的。

正確觀念 好的用餐氣氛才能刺激孩子的食慾，孩子也才會更勇於嘗試新的食物，爸媽自己應該不要過度堅持，允許有些彈性。更重要的是，好的用餐氣氛不該利用平板或電視來建立的！

有時是教養造成
愛吃零食愛吃糖，影響終生健康，

不要再吃了！

這是歐洲的糖果耶！很貴ㄟ！多吃一點有什麼關係！

零食就是零食，藉口哪這麼多？

在教養（尤其是隔代教養）的溝通中，父母兩方或與上一輩的討論總是很極端，當一方直接地說：「不能吃」、「某某專家說不能吃」時，往往就會產生隔閡。

在此要澄清一個概念，就是對於這類教養觀念歧異的問題，教養者必須用科學的角度去解釋，例如：如果可以吃，可以有多少的攝取量？如果不可以，為什麼不能吃？而非只是一味固執地堅持：「什麼都不能吃？囝仔要吃就要給他吃，才會長大！」或是「偶爾吃一下又不會怎樣，你們（或我們）小時候還不是也吃這些？」長輩的一句「沒關係」，是媽媽們聽了最想撞牆的經典名言。

零食就是零食，幫孩子找藉口最糟糕

有時候大家都放錯焦點，像是關心自己在正餐內加的鹽會不會太多，對調味料挑斤減兩的，就怕孩子吃太鹹。其實，不斷讓孩子吃零食，這些東西裡都加了一堆人工色素或化學添加物之類的非天然物，才會讓孩子味覺失調，結果正餐變得一點都不好吃，也吃不下。這不是愛，是「礙」，這

種情況是一定要禁止的，完全沒有任何討論的空間。

有一些研究發現，孩子到了四歲以後，對食物的喜惡變得很高，是挑食的高峰。其他的臨床觀察還發現，這個階段的孩子零食餅乾吃最多，會嚴重影響孩子味覺的判斷，飯原本沒什麼味道，自然他們就越來越不愛吃了！

在管教孩子的過程中，我最擔心的是，主要照顧者常常合理化一些不太正確的教養行為。例如，以讓孩子吃零食為例，常聽到的「歪理」與謬論有下列幾種：

歪理一 這是日本的餅乾耶！這是××國的糖果耶！！！

那又如何？還不是一樣是零食？而且還不是一堆色素、香料、防腐劑……有時候反而會因為它來自國外及進口，我們就忽略注意到其原料成分與標示，這種「國外月亮比較圓」的心態反而更糟。

歪理二 就是因為正餐都不吃，所以孩子才肯吃這些餅乾零食，這總比什麼都不吃還好……

這是倒果為因的做法。零食通常高鈉又很香，所以當然很容易吸引孩子的味覺，但吃多了，習慣了，正餐又怎麼會

吃？所以正餐吃不下，其實是因為知道稍後還有零食可以吃。

歪理三 哪有什麼不能吃？你們小時候還不是都這樣吃長大的！

這真是一個隔代教養大大的迷思。第一，我們小時候，哪有這麼多零食的種類？第二，我們小時候的零食，哪有像現在的零食，加入這麼多複雜的東西？第三，現在都變相成由孩子來決定吃什麼，挑食行為嚴重，我們小時候，有什麼就得吃什麼，教養環境其實已經大大的不一樣了。

關於零食歧見，大人間的有效溝通術

關於教養者間不同的歧見，可以用下面這些科學的角度向對方解釋。
❋ 孩子習慣吃糖，會更嗜甜。
❋ 留意偶爾吃零食的「偶爾」頻率太高。
❋ 糖攝取太高，孩子會容易生病。
❋ 理性溝通，破除迷思很重要。

孩子比大人愛吃糖的秘密

在二〇一六年的一項腦造影研究中發現，小孩看到一個不健康的食物，大腦抑制別去做的區域，活化比大人少；而大腦獎勵去做的區域，活化比大人多。由此證明，適度攝取含糖的食物，是有助健康的。所以，糖不是不能吃，而是別吃太多，而且以攝取天然的糖份最好。

糖可以分為兩大類，包括「游離糖」和「內生性糖」。游離糖是指製造商、食物製備者或消費者，額外添加至食品中之單糖、雙糖，以及天然存在於蜂蜜、糖漿及果汁、濃縮果汁中的糖份；而內生性糖是指存在於新鮮蔬果中的糖份。至今沒有任何研究證據指出，吃內生性糖對身體有害，因此接下來我們所討論的糖，皆是指游離糖。

世界衛生組織（WHO）建議每日游離糖攝取量應降低至總熱量的五％。參考國民健康署一至六歲活動量適中兒童的每日所需熱量，計算出幼兒每日游離糖攝取量如下。

一至六歲幼兒熱量與游離糖需求表

年齡	每日所需熱量	游離糖之熱量	游離糖之重量	相當於方糖量
1－3歲	1350卡	67.5卡	16.9克	3－4顆
4－6歲男生	1800卡	90卡	22.5克	4－5顆
4－6歲女生	1600卡	80卡	20克	4顆
7－9歲男生	2050卡	102.5卡	25.6克	5顆
7－9歲女生	1750卡	87.5卡	21.9克	4－5顆

* 每公克糖可產生4大卡熱量
* 提供相對的方糖量，爸媽可以在家做實驗，看到底有多甜。

　　大家平時為了預防便祕、幫助消化、抵抗過敏，給孩子喝的發酵乳酸菌飲料含糖量，不限品牌，一罐含糖量是七·六克至二十九克，一天只要一罐可能就破錶。

　　天然的水果，如香蕉、芒果的含糖量也很高，但它是屬於內生性糖，好代謝也不易嗜甜。過去還未發現、也沒有這麼多食品添加物的時候，自然不會有這麼多成癮的行為。隨著時代改變，醫學在進步，我們必須跟著時代一起走。當無法與時俱進的時候，飲食的危機就會產生。

❈ 過量的糖會影響免疫力

根據哥倫比亞大學的研究，一天攝取一百克的糖（相當於八茶匙的量），白血球的殺菌能力就會降低四十％，甚至會持續五個小時。這是因為我們的白血球戰鬥時需要維生素C幫忙，但糖會和維生素C產生競爭，造成維生素C和白血球的結合減少。白血球的戰鬥力被糖害到節節敗退，之後人體可能要花好幾小時的時間，才能讓維生素C達到理想的濃度，白血球的戰鬥力才能提升。

很多家長會認為專家危言聳聽，才不可能吃到這麼高的量。其實在連續假期或過節慶的時候，孩子的飲食仍會出現這類的偏差行為。

另外，如果孩子本來維生素C就攝取得少，就算糖攝取不多，但始終都是多了個對手來攪局，白血球的防禦能力一樣是會下降的。

❈ 吃糖會影響專注力、情緒行為、學習力

已經有不少研究指出，吃進太多的糖，大腦會如臨大敵般，免疫反應開始生效，破壞大腦的認知功能，包括學習力

和記憶力。攝取高糖零食後，這些精緻糖進入人體很快就會影響血糖濃度，導致胰島素大量分泌，造成低血糖，如此會刺激腎上腺素分泌，導致神經過度興奮，產生注意力不足、躁動的行為表現，營養的失衡也會造成情緒管控下降。甚至已經有研究發現，攝取高糖零食或維生素C攝取不足，是可能造成孩子有注意力缺損過動症的兇手之一。

早在我第三本書《跟著王宏哲，早期教育SO EASY》裡，光飲食就談了十八個章節，教你如何引導孩子吃正餐，而不要碰太多的零食。當糖類太多，孩子焦慮緊張、不專心、躁動時，被認為是過動兒，這是本末倒置。因為飲食本身就不對了，這是不對的判斷。若飲食的行為正確，孩子的學習力、專注力就會上升。

垃圾食物

神經傳導物質錯誤，
無法繼續傳遞訊息
（就像電池裝備，無法通電）

不專心、脾氣差、
發展慢

磨損的神經髓鞘
（如同容易接觸不良的電線）

聰明食物

神經傳導物質正確，
可傳遞正確訊息
（就像電池放置正確，啟動囉！）

專注、記憶好、
學習快

正常的神經髓鞘
（完整的電線）

❋ 過量吃糖，會抑制生長激素而長不高

血糖濃度增高時，會促進胰島素的分泌，而胰島素和生長激素是互相拮抗的關係。也就是說，胰島素濃度高會抑制生長激素的分泌，喝下過量的糖，生長激素分泌可是會至少當機兩小時的。

如果這發生在睡前，可就更糟糕了，因為人體的生長激素在睡眠時分泌量最高，特別是在睡眠前期。如果孩子在睡前吃了較多的糖或碳水化合物，那麼生長激素分泌當機的時間，剛好就是原本生長激素該分泌最高的時候，你說能不影響孩子的身高嗎？

❋ 吃白吐司、麵包，就不會有糖份？才怪！

麵包製作的過程中都會加糖，且白麵包不宜直接單獨吃，因為它是單糖類的碳水化合物，在消化過程中會立即被分解，並將葡萄糖迅速釋放到循環系統的醣類，具有高升糖指數。

相反地，消化過程中，分解速度緩慢，再逐漸將葡萄糖漸釋放到循環系統的醣類，則屬於低升糖指數，例如蔬菜、

水果（西瓜除外）。在實證研究中發現，大多數低升糖指數的食品，都是有益健康的。

因此在給孩子吃東西時，吐司可夾一些起司、肉片、蛋或蔬菜等等，以減少升糖指數（Glycemic index，簡稱GI）的風險，如此血糖才不會變化太快，產生上述的行為問題。

❋ 人工代糖對成長百害而無一利

不論是糖精、阿斯巴甜、人工代糖、甜味劑，舉凡充斥在你週邊的飲食，甜點、零食、含糖飲料裡，都含有人工代糖！雖然隸屬世界衛生組織之下的食品添加劑聯合專家委員會（JECFA）認為安全無虞，但我必須重新讓大家有以下的正確認識：

❋ 人工代糖的甜度，是一般蔗糖的上百倍，只要在食品中添加一點點就很甜。

❋ 這些人工糖，可以滿足你的味覺，但連螞蟻都不吃。

❋ 歐洲食品藥品局（EFSA）研究指出，以每公斤體重為計算單位，四十毫克（mg）的攝入標準是安全的，三十公斤的孩子每天可吃一‧二克，但一到兩杯含糖飲料，可

能都已經超過這個標準了！

* 這些糖都是化學合成的，雖不會直接傷害神經組織，但過甜會有成癮現象，恐傷害孩子的專注力。

* 「苯酮尿症」孕婦患者，應當避免攝入阿斯巴甜，這是因為本身無法代謝苯丙胺酸的緣故。

* 人工代糖過量，與孩子過度肥胖及不愛吃飯（或澱粉）脫不了關係。

　　總之，對於這些人造的、合成的、什麼什麼精的，我是完全零容忍！

　　另外，糖對於孩子的其他負面影響還包括蛀牙、肥胖、糖尿病、心臟病等，相信大家都已經相當熟悉，就不再贅述。

巧克力影響成長，咖啡因比甜更嚴重

　　巧克力不是因為過甜而不能吃，它最大的問題在於咖啡因。國外的研究建議十二歲以下的孩童每日攝取量是以體重

決定，不要吃超過二‧五毫克的咖啡因，且零至三歲盡量不要吃。如果孩子真的想吃巧克力，在四歲才可以。

根據加拿大的研究建議，四至十二歲孩子每天的咖啡因攝取上限分別為：四至六歲為四十五毫克、七至九歲為六十二毫克、十至十二歲為八十五毫克。（四十五毫克的咖啡因相當於三百四十毫升 [ml] 的可樂）。

孩童長期攝取過量咖啡因可能導致心悸、失眠（興奮）、生長激素分泌異常及骨質疏鬆等症狀，還有焦慮、情緒改變；活動力下降、注意力不集中；以及影響腦部發育及智力發展等。

當然，這些都是需要較大的劑量，孩童通常不會吃到這個程度。可是孩子的代謝比大人慢，這些咖啡因的副作用就會比成人還要明顯，因此不需要到上限的劑量，孩子可能就會出現副作用，尤其是睡眠時間減少這點更是明顯。

所以，不要讓孩子太早接觸巧克力，我自己的孩子到目前為止，一個五歲、一個三歲，幾乎沒吃過巧克力。只要不吃（或少吃），他就不會成癮。若孩子吵著吃，可以試著用

引導的方式，例如：吃一顆巧克力就要換兩片水果，提高孩子對其他食物的飲食習慣。孩子非吃不可有可能心理是受到同學影響、網路影響或社會氛圍影響，飲食行為也可能透過模仿而來，讓孩子越來越愛吃。

巧克力的咖啡因濃度都不低，在幼兒身體代謝掉所需的時間一定大於成人。對你的影響不大，但對孩子的影響卻會很大，尤其是不愛喝水的孩子。所以如果吃了很多甜食巧克力，請多喝水讓它對孩子的影響降到最低。

此外，巧克力的餅乾，會比巧克力糖好，原因在於濃度跟含量；而且孩子會透過咀嚼，讓大腦有飽足感，不會無限上綱的吃。咖啡因一旦攝取過高，就會影響腦部的發展、焦躁、專注力變差。

其中，下面這幾種孩子一定要盡量少吃。

❋ 很會流口水的孩子：因為甜食會讓他們肌肉張力更低，更會流口水。

❋ 講話不清楚，溝音有問題，捲舌音一直教不來，有點大舌頭的孩子：因為甜食也會影響舌頭的力氣及擺位的協

調。

* 注意力差，常晃神，經常性地聽不到教養的指令：因為大量巧克力甜食後，讓大腦神經系統迅速進入鬆弛狀態，成人注意力會鬆散，孩子更是無法集中專注力，降低對環境的警戒。

* 活動量過大的孩子：因為巧克力過量可能會引發躁動及情緒不穩。

* 睡眠規律差：咖啡因刺激中樞神經系統，寶寶變得更不好睡，晚上可能會夜驚大哭。

* 平常就不太愛吃飯的孩子：巧克力甜食增加飽足感，騙過孩子的大腦讓他認為自己已經飽了，三餐更吃不好。比一般的零食點心，巧克力更容易讓孩子不愛吃飯。

* 體適能差及肥胖的孩子：研究發現，過多糖加入的零食，與兒童血壓舒張壓及三酸甘油酯升高有正相關，這個對孩子是終身的影響。

零食及糖，養出學習力低落及脾氣差的孩子

有媽媽留言問我，孩子愛吃糖及零食，會不會也是他愛發脾氣、情緒比較差的原因？我說，這太正確了。在這裡有幾個研究必須讓大家知道。

❋ 讓身體缺乏重要營養素

醫學家發現，愛吃零食的孩子，身體容易缺鋅、缺鐵、缺鈣，這些都是讓大腦順利運作的重要營養素，長期缺乏就會影響學習力及情緒管控的能力。

❋ 讓血糖快速震盪

零食都屬於高 GI 的食物，這類食物不只讓孩子味覺失調，也會引起血糖急速震盪，讓情緒高低起伏。經常吃的孩子，也會出現類注意力不集中的症狀，所以家長要更謹慎提供及限制。

❋ 零食及糖會讓過敏發作，情緒變差，陷入惡性循環

近代的醫學與科學，一直在深入研究「身」與「心」的交互作用；在兒童的健康方面，也發現了心理會影響身體

健康的關鍵！一項刊登於〈Annals of Allergy, Asthma & Immunology〉期刊的新研究發現，壓力會使過敏發作。過敏專家醫學博士Amber Patterson表示，有較多過敏次數的患者較易有負面的情緒，這可能是導致較多發作次數的原因。

❈ 人工食品添加物吃不得！

除了零食與糖外，還有個可怕的飲食兇手，就是人工食品添加物。爸爸媽媽也一定要注意讓孩子與之保持距離。

過去一直有不少研究在探討色素、苯甲酸鈉防腐劑或其他食品添加劑，對兒童行為和過敏的關係，這些色素不見得是導致「過動」、「過敏」的真兇，但卻是誘發孩子體內過動行為、過敏症狀的導火線。

常見的色素包括有紅色六號、紅色四十號、黃色四號、黃色五號、藍色一號、藍色二號等，就算這些人工食品添加劑是合法添加，但也不代表它一定都是完全無害。科學就是這樣，有些時候只是尚未證實而已。因此建議選擇孩童的食品時，請養成習慣翻到背面去看成分，太多看不懂的成分、人工食品添加物能免則免。

3 限制，將造成健康的危機

飯，一定要吃完最後一口？

我家孩子真難教

飯不能不吃完，最後一口！

吃飯就像打仗，哪這麼多最後一口啊！

王老師的神回覆

大人自己吃 7 分飽，卻總要小孩吃 10 分飽。

我今天早上看到一個媽媽留言:「我們家小朋友的每一頓飯,碗都被塞得滿滿,很怕他們餓著。」還有其他媽媽寫道:「孩子挑食、含飯不吞、只吃肉不吃菜、只吃菜不吃肉、不愛喝水。」看來,做父母的,都常常因為孩子的飲食問題而感到擔憂,有時甚至還會理智線因此斷掉。

還餵得下就代表沒吃飽?四種錯誤的飲食教養迷思

想要孩子好好吃飯,一定要培養快樂的動機,讓孩子吃得盡興。而關於「吃飯」這件事,家長有太多的迷思了,因此讓大人小孩都不快樂。

迷思一 不可以用手抓食物

大人往往認為吃飯規矩要從小建立,不然會養成壞習慣。例如:不可以用手抓食物、一定要坐著吃、飯就是要吃完,每次都剩不僅浪費又會養成習慣。

國外已經有研究發現，從副食品起就讓孩子用手吃東西，享受吃東西的樂趣，自己決定要吃多少，然後追蹤其飲食習慣，發現長大後有挑食行為的比例，相較於大人一直用湯匙餵食者少。當自己不能有選擇食物的權利，吃飯又有一堆限制規矩，如果要能享受吃飯，那簡直天方夜譚。

迷思二　多餵還吃得下，就是沒吃飽

孩子說不吃了，但明明多餵些也還吃得下，或吃完飯孩子就吵著要吃零食，又或晚上還在討奶，一定是沒吃飽，下次應該要餵孩子多吃一點。

正確觀念　引起食慾的中樞是在大腦中的下視丘，而不是胃，所以儘管胃已經有脹滿的感覺了，我們的大腦通常會先忽略這個訊息，直到二十至三十分鐘才會讓你意識到自己真的飽了，這就是為什麼我們往往吃下的會比胃需要的食物更多；也是為什麼孩子說飽了，我們卻還可以再餵進一些食物的真相。

另外，有些時候，你會不會也想要在吃完飯後，再吃一些其他的食物呢？同樣地，對孩子來說，當吃進含較多蛋白質或纖維的食物時，會增加飽足感，可是對於這類食物，因為孩子的咀嚼能力有限，因此能攝取到的營養相對較少，孩子相對也較容易餓，這是正常的，而不是孩子沒吃飽呀！大人冤枉呀！

迷思三 餐餐都要什麼都給足

孩子正在成長，營養就是要豐富，飯菜肉水果每樣都要給足。副食品也應該每一餐什麼食物都加進去！

正確觀念 孩子一天有五到六餐，營養素的計算方式應該以一整日吃進的份量為準，而不是每餐都要到達建議量。

迷思四 飯後有點心，孩子正餐才會吃得更好

吃完飯就給點心，會讓孩子吃得更多更好！

根據近幾年來的研究顯示，吃飯有壓力、或者是利用點心來誘導小朋友進食，只會讓甜點、零食顯得更誘人，反而會消弭孩子選擇健康食物的內在動機，而且更會強化孩子的挑食行為，破壞用餐氣氛。

孩子，好好吃飯有這麼難嗎？

至於孩子，吃飯也常有些「症頭」。在破除迷思後，也該有對症下藥的策略吧！

飲食常見問題一 孩子常沒吃幾口就跑掉了

很多小朋友在吃飯時很沒耐心，吃了一、二口就跑掉，爸媽都很煩惱該不該把他們抓回來繼續吃。

我的看法是這樣：有些孩子年齡較小，注意力只有五到十分鐘，家長要把握餵食的時間。至於孩子跑掉父母該不該把小孩抓回來，我建議不用特別去追，因為如果你追著去餵孩子，就會養成他的壞習慣。不用擔心孩子會因為不追著餵就吃不飽，即便你追著再多餵一、二口，「孩子覺得的飽」

跟「大人覺得的飽」也都是兩件事情，教養者往往都會有「大人覺得你沒飽」這種想法，其實不應過度期待孩子會把食物全部吃光。

我會試著去引導，將孩子的注意力轉移到餐盤，運用餐盤中的食物或餐具（如：學習夾），讓他們可以自己動手夾食物。你若是餵他吃、逼他吃，孩子就只會注意手中的玩具。早期教育的重點不是吃多吃少，而在於誘發孩子的飲食動機。

飲食常見問題二 大人幫忙夾太多菜，份量過多

長輩在餵食小朋友的過程中，常常會將飯、菜、肉都添得滿滿的，家長也喜歡幫孩子多夾一些。當孩子看到這麼大一盤（碗），又要把它吃光，其實會不開心，吃的意願就會降低。而且重點是，這樣孩子最後吃進去的總量，絕對不是一開始你覺得剛好的量。

我們可以試著反其道而行，將每一餐都裝得少少的，飯跟菜的量可以是一個手掌大；或是遵從「拇指定律」，就是按照孩子的年齡給予相對的量，例如兩歲的孩子，紅蘿蔔、

花椰菜，都給兩小匙，就已經足夠。吃多吃少不是重點，重要的是他能不能吃完。

吃飯不專心，往往是因為孩子在飲食中找不到成就感。有些孩子到了一個階段，就會開始搶筷子、或是搶父母的碗，都是在尋求成就感及獨立的展現。

若孩子已邁入三歲以後的階段，我建議父母讓孩子自己動手夾菜、吃飯，讓孩子決定自己的份量。有一次我就這樣讓孩子自己吃飯，每道菜數量都很少，但當我問他還要不要吃的時候，孩子竟然說他還要再吃、還會餓。

台灣小孩多半都不知道什麼是「餓」，還有種所謂「三加二餐」的做法，對於更小的小孩也會拼命地餵奶。但其實孩子只要過了兩歲，大人吃什麼，孩子就跟著吃，不要再一直餵奶。如果不讓孩子試著吃其他的食物而只餵奶，正餐又怎麼會吃呢？

另外，你有沒有發現帶孩子到外面吃飯，孩子就是喜歡餐桌上瓶瓶罐罐的配料，父母在家其實可以善用這一點特性，讓孩子自己動手加天然的配料，好玩又好吃，例如白芝

麻及黑芝麻、海苔絲、小魚乾、魚鬆及肉鬆等，一定比開著電視餵孩子吃飯來得好很多。

吃飯拖拖拉拉，時間過長

很多家中有小孩的家庭，到了吃飯時間往往都要耗費一、兩個小時。很多家長都感嘆，吃飯如打仗，好累、好長、好難餵。

正常的飲食時間，我建議抓在半小時即可。時間一到，就把碗盤餐具收走，若這個原則掌握好，幾次下來，孩子就會去留意時間，在時間內吃完一頓飯。

兩歲以後的孩子以正餐為主，奶及點心為輔，零食無限制供應的壞習慣，會讓孩子在吃正餐的時候，吃不多也吃不好，變成本末倒置。接近正餐前的一小時，麵包、點心不要吃。

另外，也可以提早開飯的時間。孩子並不喜歡「自己吃」那種被大家盯著看的感覺，大家「一起吃」，可減少孩子的不自在感。幼兒園就是一起吃飯的，我覺得這也必須融入親子家庭中。從這些簡單的步驟開始做，孩子吃飯的時

間，就不會像打仗這麼痛苦了。

「吃得完」才是快樂吃飯的重點

而孩子到底要吃多少才會飽？媽咪們總是被埋怨，是不是因為沒有逼孩子吃，才會讓孩子這麼瘦？孩子到底要吃多少的迷思，依舊沒有解開。

對於五歲前的孩子，爸媽總是很難抓到孩子的食量；至於一至三歲的孩子，受限於語言和抽象感受還在發展，要知道孩子飽不飽，那就更難了，孩子常常頭一撇，說不吃就不吃，不然就是在餐椅上像隻毛毛蟲一樣動來動去不安分，讓餵飯變成十大最讓爸媽頭疼的育兒問題之一！

有一次，一位知名小兒科醫師、也是我的好朋友黃立心醫師，跟我聊到，應該放手讓孩子自己吃飯才對，對此我相當同意。這位超會做飯的醫師媽咪還說：「如果讓他們自己吃，他們都會只吃一點點就說『飽了』，但看看孩子吃的量，我通常會覺得非常不可思議，心中產生數萬個OS：這樣真的會飽嗎？」其實，這個秘密是：「孩子只要吃到不餓

的感覺，他們就會說『飽了』。」

現在的孩子，很少有饑餓的感覺

這也讓我想到我先前到幼稚園演講後，留下來參觀的經驗。一堆中班左右的孩子，自己練習吃飯，又快又好，臉上充滿著該吃飯的表情，當場讓我跌破眼鏡。他們跟我們每天在家搞這些不肯好好吃的孩子，真是大相逕庭。難道就是要等到孩子上學，感受到團體的氣氛，才會學到「好好吃飯」這件事嗎？

等到我往前走近一看，發現每個人的碗裡，飯只有像雞蛋大小的一小球而已，肉菜魚都有，但份量都很少。我那時也才明白，原來這麼簡單的方法，而且「讓孩子吃得完」、「不用讓孩子吃到太飽」，才是飲食早期教育的超級重要原則！

此外，很多家長不敢讓孩子吃海鮮，原因是怕孩子過敏，如果是較小寶寶或剛換副食品階段，當然先不要試。但周歲後，二歲、三歲⋯⋯年紀漸長後，排除嚴重過敏外，如

果依舊不讓孩子吃魚吃海鮮，可能不利於專注力發展。增加孩子專注有「五多三少」的均衡攝取原則，能幫助孩子發展好智力及好體力。

「五多三少」飲食原則

五多	三少
多 1：維生素 B_6 與 B 群	少 1：少吃糖
多 2：鐵與維生素 C	少 2：少吃油炸零食
多 3：鋅與鎂	
多 4：蛋白質	少 3：少吃含調味料及色素添加劑的食品
多 5：Omega-3	

幫孩子打造一口好牙，身體健康，學習力更強

我家孩子真難教

聽話！你等一下刷完牙我就拿 iPad 給你看。

我不要刷牙！除了 iPad，我還要貼紙！

王老師的神回覆

賄賂法，只會讓孩子離開好的行為越來越遠。

長輩都說「七坐八爬九長牙」，但偏偏小人們的牙齒，現在越長越早；還有些小兒，怎麼樣就是不長牙，搞得新手父母一顆心七上八下。

在孩子長了牙之後，爸媽又有個艱難的任務，就是讓他們不能蛀牙。但小人又不肯乖乖刷牙，討夜奶的就更麻煩了，只好買氟錠安慰自己。但定期帶去塗氟，也要小祖宗配合呀！就算配合了，還要保佑最後不會通通吐出來！

幼兒的口腔護理法

在孩子還不會自己刷牙前，其實只要父母在餵食時多注意些，蛀牙就會少一些。

喝母乳的寶寶

❊ 雖然母乳的成分不至於造成蛀牙，但當寶寶開始攝取副食品（含碳水化合物）時，也就須擔心蛀牙的問題，尤其是夜奶頻繁的寶寶。

❊ 每次餵完奶口腔清潔是很重要的，當孩子長牙後，就要減少夜奶，甚至準備斷夜奶，絕不可以讓孩子含著乳頭

入睡。

❋ 其實六個月大的寶寶，差不多是開始長牙的年紀，生理上已經有能力可以一段長時間不喝奶囉！

瓶餵的寶寶

❋ 在要睡覺或小睡時，盡量別讓寶寶喝奶、米麥精、果汁……等食物，只能讓孩子喝水。如果寶寶一定要喝這些食物才能睡，一定要坐起來喝，不可以躺著喝，且喝完一定要清潔口腔後，再讓孩子躺下。

❋ 長時間和高頻率地讓孩子接觸含糖食物，會加速蛀牙，且躺著喝還容易造成中耳炎。

❋ 在寶寶長出第一顆牙後，應開始訓練不要在半夜餵奶，且務必清潔牙齒後再入睡，不可以讓孩子含著有奶的奶瓶入睡。

使用吸管學習杯／杯子的寶寶

❋ 當孩子會獨立坐後，就應該始讓孩子使用吸管學習杯，一歲後就可以別再使用奶瓶。

- 雖然我們會在吸管學習杯中裝果汁、蜂蜜水、奶……等，但這些食物也盡量別在接近睡覺時間給予。

- 餐與餐中間盡可能只盛裝水或奶給孩子，一定要給果汁的話，務必限制量，以不影響下一餐為準。

- 一天內飲用飲料或果汁的量不可超過一杯，約一五○毫升（ml），三歲以上一天別超過一八○毫升，且盡量減少次數。

- 別讓孩子帶著有飲料或牛奶的杯子到處走，而且喝得很慢很久，盡量不超過十分鐘。

- 果汁對牙齒造成的傷害和其他飲料相當，即使是天然現榨的也一樣，故必須限制每天喝的量和次數。

- 儘量不要讓孩子喝無營養的飲料，如汽水、奶茶。

刷牙，不只是孩子的事，也是爸媽的責任

　　等到孩子再大一些，就要開始練習刷牙了。不過很多孩子都不喜歡刷牙，尤其是年紀還小的幼兒，更會排斥把牙刷放入口內。只要刷牙時間一到，孩子看到爸媽拿出牙刷，就

想盡各種辦法抗拒或拖延；如果要幫他們刷牙，孩子不是閉緊嘴巴，要不然就是哭鬧不停。

要讓孩子接受刷牙、愛上刷牙，其實有一些小撇步。像是從baby時期開始每天固定清潔口腔，讓孩子習慣成自然。也可以自己編些固定的刷牙歌，如果編不出來，巧虎的歌也很好用喔（不一定要看DVD）！藉此也能讓孩子可預期刷牙結束時間。

此外，還可以利用繪本、圖片或照片，讓孩子了解刷牙的過程，因為孩子會因為看不到自己刷牙的過程而排斥恐懼。大小孩再考慮觀看影片，小小孩看影片反而會失焦。總之，只要把刷牙當遊戲，小孩一起玩，接受度就會大大提高。

另外，爸爸媽媽也要幫小朋友注意養成以下與口腔清潔有關的健康習慣。

✽ 每天至少清潔寶貝的牙齒兩次。

✽ 從小建立清潔口腔的習慣，即使寶貝的牙齒還沒長出來也需要注意。可以利用紗布擦拭牙齦、舌苔，乳牙冒出

後可使用指套刷、軟毛刷。

✳ 兩歲以內應該使用小頭、但大握柄的牙刷，並選擇家中光線良好的地方讓孩子躺下來刷。

✳ 刷牙時，將嘴唇及臉頰輕輕拉開，以便於刷牙時清楚看到牙齒。內外側牙齒四十五度，對著牙齦繞小圈圈刷。每次刷一個小區塊，約二至三顆牙，每個區塊刷至少十次以上，再換到下一個區塊。牙齦要刷到，咬合面也別忘了。

✳ 所有的牙齒面都要刷到，必要時也可以考慮兒童電動牙刷。

✳ 通常在六歲前，孩子刷牙時務必要監督，確認孩子能正確漱口，且刷牙需要有良好的協調能力，通常在四、五歲前是無法精準完成的。

✳ 爸爸媽媽記得不要讓孩子將含氟牙膏吞入。

✳ 別忘了小孩也要用牙線。當有兩顆牙齒相接時，就要開始使用牙線，大約從兩歲至兩歲半開始，尤其是齒縫較小的牙齒，例如乳臼齒。使用牙線是需要技巧的，建議

在八至十歲前都由爸爸媽媽幫忙完成。此外，兒童牙線棒是個不錯的選擇，操作起來也比較簡單，孩子看到可愛的動物接受度也會大大提高。

六種不正確的刷牙觀念

前幾天我帶老大去拔乳牙，聽到牙醫師跟前面幾個孩子的家長說，有五、六顆蛀牙要處理，我嚇了一大跳，因為那些孩子們看起來也才小班到中班而已，怎麼會這樣呢？

這讓我想起了之前跟牙醫師一起上節目時，兒童牙醫說：「讓孩子很早就產生蛀牙的最重要原因，其實不是吃糖，而是在學齡前沒有養成正確的刷牙方式，所以就會從乳牙開始蛀。而學齡後，繼續延用壞習慣，日積月累，恆齒就接著遭殃。」

以下，我就幫大家整理一下六種不正確的刷牙觀念，並分享我的孩子沒有蛀牙的經驗談。

(觀念導正之一) 飯後立即刷牙，反而傷牙

飯後立刻刷牙，這樣看似對口腔衛生很好，但英國醫學

研究發現，如果真的這麼做，可能會讓孩子把牙齒的琺瑯質給磨掉，原因在於當我們吃完東西之後，口腔的環境會變酸，這個時候琺瑯質會軟化，而此時如果太勤於刷牙就很容易把琺瑯質給磨掉。飯後務必等待三十分鐘後才刷牙，在這段期間酸會隨著時間而中和而牙齒能再度礦化。

觀念導正之二 不用兒童牙刷而改用成人牙刷，反而會刷不乾淨

兒童牙刷的面積比較小，比較容易刷到孩子的內側及後側牙齒，而且可以讓孩子練習兩到三顆牙一起刷，清潔的效果會是最好。成人牙刷面積大，除了不容易清到深處，孩子也不容易執行上下左右及內外的動作。

觀念導正之三 教孩子要用力刷，反而傷害琺瑯質

很多爸媽經常問孩子：「你到底有沒有刷乾淨，怎麼這麼快？」孩子當然會回答「有」。

如果你觀察一下孩子的刷牙行為就會發現，很多孩子說有刷乾淨，其實是指他們有很大力的刷；而且他們擔心爸媽碎念，還會一次比一次用力。我會請爸媽多示範幾次如何控

制力道，並告訴孩子，大力不代表乾淨。所以，刷太用力或是使用硬刷毛的牙刷也可能侵蝕孩子的琺瑯質。請溫柔地刷牙，並使用中軟毛牙刷。

觀念導正之四 刷牙時不該單手搞定，要左右手輪流拿

我非常同意學齡前就該讓孩子獨立練刷牙。但學齡前的孩子，手腕的協調還不如大人，牙齒有左上、左下、右上、右下的分布，大人或許可以用你的慣用手一次搞定，但對孩子來說會很難，因為手的運用還沒辦法這麼協調，所以用右手刷左側牙齒，再換拿左手刷右側牙齒的訓練，對孩子是很重要的，千萬不要嫌麻煩。

觀念導正之五 擠了一大堆牙膏，不代表一定能刷乾淨

現在的牙膏，清潔效果其實都不錯，實在沒必要有「一次要用很多量」的迷思。甚至有時候，你帶孩子用清水刷過後，再用牙線輔助，仔細地清潔牙縫，其實更是重要。

而且，牙膏用的越多，孩子要清潔的時間就要越長，很多沒耐心的孩子，或口腔比較敏感的孩子，根本沒有辦法在

一開始訓練時，就在這個活動持續太久，所以牙膏應該適量使用。

觀念導正之六 **沒有常換牙刷，小心越刷越髒**

之前牙醫師也曾教我，需要更換牙刷有三大原則。

❋ 從牙刷背面看，如果已經看到刷毛岔開外翻，表示刷毛已經很蓬鬆了，清潔效果會大大降低，這時就必須更換牙刷。

❋ 即使刷毛沒有外岔，但已經使用了八週以上，就該更換。（這一點我自首，有時候比較忙，我跟孩子的牙刷，大概會三個月以上才換一次。會被我的牙醫師罵死，千萬別學我。）

❋ 刷毛底部若有髒東西沉積，就是牙刷提醒你該更換了，不要一直企圖洗乾淨了再繼續用。

孩子該何時開始用牙膏？

年紀	使用時機
1 歲	利用軟毛刷或紗布以清水清潔乳牙及牙齦
1－2 歲	父母用兒童牙刷，結合清水逐顆刷牙
3 歲	每天早晚使用含氟牙膏刷牙兩次，牙膏每次不超過米粒般大小，由父母幫忙或監督下刷牙。
3－6 歲	每天使用兩次含氟牙膏，牙膏每次不超過豆子般大小，由父母幫忙或監督下刷牙。
6 歲	每天至少使用兩次含氟牙膏刷牙。

（以上資料根據美國兒科醫學會之建議）

　　當然，要預防蛀牙也不是只與刷牙有關，食物的選擇也很重要。像是要注意提供孩子健康多元的食物，如水果、蔬菜或全穀類點心；盡量給孩子吃含較少糖份的點心，像是cheese、水果、牛奶⋯⋯等；也要避免會黏牙的食物，像是葡萄乾、水果乾（片）、糖果。

　　另外，也要限制孩子正餐的用餐時間，不要超過三十分鐘。食物別讓孩子隨手可得或盡情吃；也別幫孩子試吃、試溫度或共用餐具，以避免唾液中的細菌傳給孩子。

寶寶副食品的最新科學發現

我家孩子真難教

讓孩子練習自己吃，弄得亂七八糟，真的 ok 嗎？

王老師的神回覆

不由媽媽來讓他練習自己吃，難道要等到以後老師來教他吃嗎？

寶寶到了六個月左右，光靠母乳或配方奶，是不足以供給生長發育所需之營養的，得要開始餵副食品了。這對媽媽而言又是一場硬仗的開始。

　　電視廣告說要吃米麥精、長輩說要煮粥、百歲派說做食物泥、現代媽咪流行冰磚，還有國外正夯的「寶寶主導式斷奶（baby-led weaning，BLW）」，簡單來說就是讓寶寶自己拿固體食物吃，因為研究發現，這樣的方法，孩子會吃得更好，而且長大後也不容易有過胖的問題出現。

　　你看，這麼多問題，這麼多方法，哪個才是對的？孩子真的可以不用湯匙餵，自己吃？很多媽媽一直要我表態，這麼多派別的副食品餵食法，到底該選哪一種呢？

　　這本書要傳達的，就是教養不該有極端，因為每個孩子都不一樣，應該要有中庸之道，更該有科學育兒派。所謂副食品就是寶寶的食物要從「奶」轉成一般「大人食物」的階段，應該要考量的是寶寶口腔發展到什麼程度，以及生長發育需要哪些營養素，再來思考副食品該怎麼提供才適當。

何時該換副食品上場？

寶寶在吃副食品前，不論是瓶餵還是親餵，奶都是由口腔的後方直接注入，誘發吞嚥反射。

一旦寶寶開始吃副食品，想要能順利進食，首先要能接受固體食物由口腔前方進入，接著舌頭將食團送到口腔後方。過程中，舌頭會保護氣管不讓食物進入，讓食團順利進到食道。如果是泥狀食物，本身就是食團，不需要特別處理；若是固體食物，則是大工程，首先要先咀嚼成小塊，接著混合唾液形成食團，送到口腔後方嚥下。

寶寶早期的咀嚼動作只有「上」與「下」兩種而已，僅能處理軟的小塊食物，不足以處理硬的、或帶有纖維的食物，例如肉條。大塊食物送入寶寶口中時，為了咀嚼成小塊，寶寶會含比較久，利用唾液讓食物軟化，且舌頭必須將食物帶到牙齦邊緣，這時舌頭就無能力避免食物進入氣管通道；再加上剛學吃副食品的寶寶們，還分不清多大的食物才能吞入，寶寶的呼吸道又只有他們的小指甲這麼寬，因此容易產生嗆到而窒息的危險。

寶寶的門牙大約在六至八個月、後面的臼齒大約都在一歲之後冒出，而咀嚼動作由本來的上下進階到斜向旋轉，大約也要在十二個月大時才發展。配合寶寶的口腔發展，六個月起給予泥狀食物，讓寶寶練習舌頭後送動作；八個月大時則可以給寶寶嘗試質地較柔軟的食物，加強咀嚼能力。而較有口感、富含纖維的食物，因為需要更靈活的舌頭控制，則建議一歲後再給予。

> 副食品會增加口腔的感覺與動作

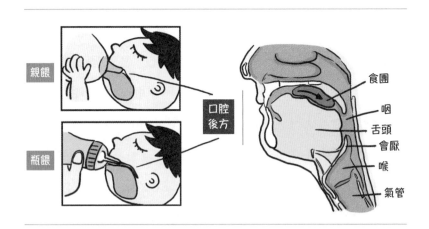

親餵

瓶餵

口腔
後方

食團

咽

舌頭

會厭

喉

氣管

強化副食品的鐵質，常常被忽略！

鐵，是體內紅血球生成、健全免疫功能、認知發展、加強氧合作用和引起食慾的重要營養素。在懷孕末期，會有大量的鐵儲存於寶寶體內，以應付出生後六個月內所需的鐵消耗。

六個月以下的寶寶，每天所需的鐵量相當少（約每天〇‧二七毫克）；六個月後，則會急遽增加至每天十一毫克，而母乳內鐵的含量每天平均僅有〇‧三五毫克，因此自六個月起食用添加富含鐵的食物是相當必要的。

雖然許多的配方奶也會添加鐵，但高鐵的配方奶卻容易造成便秘問題，而且奶的鈣質也會影響鐵的吸收。肉泥、嬰兒穀類食物、家禽或魚、豆腐或豆類食物、蔬菜和水果泥等，均是各國副食品指南中建議的含鐵食物。

雖然許多食物中都含有鐵質，但同樣是鐵，身體吸收利用的效果卻有所不同，建議挑選「血基質鐵」的食物，搭配「維生素C」加強吸收，才是高CP值做法！

富含鐵質的食物

鐵質	食物種類	注意事項
血基質鐵食物	牛肉、羊肉、雞肉、魚、海鮮	＊此類食物中的鐵比較容易被人體所吸收利用。 ＊其中，以紅肉的含鐵量較高。
非血基質鐵食物	穀類、深綠色蔬菜、堅果種子豆類	＊此類的含鐵食物，人體吸收率較低，建議搭配維生素C一起食用。 ＊注意！鈣質會降低堅果種子豆類這類食物鐵質的吸收。

對早產兒而言，鐵的補充更是重要，因為在媽媽肚子裡，鐵還來不及儲存寶寶就出生了。所以儘管BLW派盛行，專家也建議早產兒不適用這種方法，因為研究發現早產兒儘管到了十二個月大，處理多塊食物還是常有困難；而且太早接觸固體食物，容易產生拒食行為。

最科學的餵食法：湯匙餵食＋嬰兒主導式斷奶

綜合以上所說寶寶的口腔控制發展和所需營養素來看，似乎利用湯匙餵食泥狀食物，特別是富含鐵質的食物，如此能讓孩子先練習口腔控制，才是最安全、且能吃進較多所需

營養的方法。

研究也發現BLW派的寶寶，奶的需求量較大、容易夜奶，推斷是因其所吃進的副食品量不足以供應寶寶營養和生長所需。

但BLW並非沒有優點，它能讓寶寶自己開心進食，提早熟悉大人的食物，利於融入家人的用餐時間，的確減少了不少媽媽的焦慮。我認為，將這些副食品餵食法整合，才是最棒的餵食法，而不是太過偏執某一方法，或亂無章法的嘗試。

隨著乳牙冒出，寶寶開始嘗試軟質食物，由壓碎食物到小塊狀食物，若沒問題就可進階手指食物，BLW派的精神就自然出現。當寶寶舌頭控制更好（側邊、斜向旋轉），咀嚼力道和持久度增加，就可以進階到提供大塊的食物。湯匙餵食和BLW是可並進的，爸媽別總想著硬要將碗中的食物餵完，建議效法BLW放手的精神，部分食物寶寶自己吃，部分食物爸爸媽媽仍用湯匙餵，漸進至寶寶自己吃一餐。

鐵質能讓寶寶有食慾，而手抓食物則能讓寶寶有主動

吃、玩食物的樂趣，雖然會吃得食物掉滿地、亂七八糟的，但這都是必經過程，重點是愉快的用餐氣氛會讓孩子吃得更好。若不這樣，難道你想餵孩子到上學嗎？不想每次用餐時間就是你的惡夢，就趕緊試試吧！

第五章

發展的秘密

爬行——大腦學習與嬰幼兒發展

我家孩子真難教

一歲了還一直爬,是不是發展比較遲緩啊?

王老師的神回覆

不爬也擔心,爬太多也擔心,這就是媽媽共同的病。

孩子一定要會爬嗎？真的是七坐八爬九長牙嗎？大家都說孩子多爬比較聰明，但孩子已經想學走了，怎麼辦？爬真的有那麼重要嗎？

爬行是嬰兒時期動作發展相當重要的一個里程碑。的確，就算不經過「爬」，對孩子未來的生活也不至於會造成極重大的影響。只是，你知道嗎？每個動作里程碑的達成，對大腦發展而言也相當重要喔！

孩子會爬行，頭好又壯壯

過去一直有研究探討嬰兒時期的動作發展和孩童未來表現的關聯性。

在二〇一〇年發表的英國大型世代研究中發現，嬰兒在九個月大時的動作發展程度，和五歲時的認知發展是有關連的，其中的動作發展程度就包括了坐和爬的能力。而在二〇一三年發表的澳洲大型研究中也證實，嬰兒時期的動作發展，和小學時的學業成就（包括動作協調能力及專注力）是有關連的。

另外，在二〇〇〇年南非的一項長期研究也指出，成長過程中沒有經過爬行階段的孩子，在青少年時期，也較容易有脊椎側彎或駝背等狀況的傾向。

這些研究證據，足以顯示「爬行」在寶寶的發展中是佔有重要地位的，它可以讓孩子的未來發展得更好。爬行代表著寶寶可以自己獨立到處探索環境，不僅對孩子有著重大的意義，國內外著名的兒童發展專家們也認為，這代表寶寶的腦袋瓜裡有以下數十項的能力開始建置，包括有：

❉ 雙側大腦活化

❉ 感覺統合

❉ 手眼協調

❉ 觸覺、本體覺刺激

❉ 空間概念

❉ 深度知覺

❉ 姿勢控制

❉ 肌肉張力

❉ 移動能力

* 眼神注視

* 操作能力

* 平衡能力……等等

關於爬行的四大疑問

如果孩子已經大了，即使沒經過爬的過程，爸爸媽媽也不需要太緊張。我們的大腦可塑性是相當高的，在任何時間點給予足夠且適當的刺激，都能讓孩子的表現提升。

關於小寶貝們爬行的疑惑與困擾，以下是父母最常見的四種提問。

疑問一 時間到了，寶寶怎麼還不太會爬？

寶寶學爬，除了本身的氣質外，環境給的刺激夠不夠是很重要的。

寶寶從五、六個月起，就該有一個地墊空間，讓孩子翻身、趴著遊戲。六、七個月起，更該將空間挪大，讓孩子可以練習爬行，別再讓孩子長時間待在小小的嬰兒床中。多「趴」一定是刺激爬行的不二法門，利用聲光玩具、小滾

筒、或甚至是爸爸媽媽的腿，也都是讓孩子願意趴、甚至爬行出去的好法寶。詳細引導孩子爬行的方法請參考《跟著王宏哲早期教育so easy》一書。

肚子離地爬，先練手力氣

疑問二 孩子才七個月已經會爬，且還一直想站起來，怎麼辦？

不需要把孩子一直抱下來爬，只要空間夠大，讓孩子能用爬的方式在有限的範圍內到處探索就不需要擔心。但也沒必要開始鼓勵孩子站，如果孩子想扶著茶几站起來看看是可

以的，只要他發現沒有什麼東西好探索的就會再坐下來了。相反地，如果他發現茶几上有一堆玩具或新鮮好物（如：遙控器），那你就別納悶孩子幹嘛一直要站了。

太早期就站太多，對孩子的肌肉骨骼發展並不是件好事，因為孩子的下肢關節控制還未完全，因此造成X型腿、O型腿、內外八等，都是有可能的。

疑問三 既然爬是有益的，孩子一定要多爬些再學站嗎？

孩子的發展是階梯式的，雖然平均八個月會爬，但其實孩子從前面的六、七個月起，早已開始累積能力；站和走也是一樣。會爬之後，孩子自然會爬到定點就扶東西練習站甚至走，沒有必要刻意阻止，孩子是需要累積能力的。

通常在會爬後的三個月左右才會走，與其計較孩子爬行的時間有多長，倒不如注意孩子的爬行技巧發展得夠不夠好，像是：爬高爬低、爬過障礙，繞過障礙物的順暢度……等，這些才是刺激大腦發展的關鍵。

爬過障礙物，大腦刺激更多

疑問四 我的孩子爬行姿勢很怪，是不是代表有問題？

　　根據研究，孩子爬行的姿勢大約可以分為下列六種（如右頁圖）。

A：標準的肚子離地爬，孩子用膝蓋和手爬行。

B：大熊爬，孩子用手掌和腳掌爬行。

C：跨步爬行，孩子一側用腳掌，另一側是用膝蓋爬行。

D：孩子利用雙手的力量帶動爬行。

E：坐姿挪動，孩子利用雙腳伸直彎曲的力量帶動身體的移動。

F：跨步坐姿挪動，孩子利用三個肢體來帶動身體的移動。

* 圖片參考：《Developmental constraints of quadrupedal coordination across crawling styles in human infants》

大約有八十七％的寶寶會用Ａ、Ｂ、Ｃ這三種爬行方式，二％會用Ｄ方式，九％會用Ｅ或Ｆ這兩種方式，另外的七％則是沒有經歷過爬行。不論哪一種方式，研究發現孩子最後走路的表現都是沒有差異的，只是放手走的時間快慢有不同罷了。

　　但孩子為何會用這樣的方式爬呢？學者目前認為這是孩子為了「從這個地方移動到另一個地方」而做出的解決辦法，不過目前沒有研究檢視不同的爬行姿勢，對於學齡前或是學齡時的動作協調發展是否有影響，我想這樣的研究也不好完成。但因為爬行對大腦及發展還是很重要，如果寶寶不爬，甚至爸媽覺得孩子的力氣很差，還是盡早諮詢兒童發展專家比較安心。

2 何時開始教拿筷子？很多大人姿勢都不對！

我要媽媽的筷子！

不行！
你還不會用啦！

王老師的神回覆

主講人：王老師

別人手上的，總是比較好啦！

「到底應該如何正確拿筷子？」、「寶寶都愛搶筷子，該讓他學習用筷子了嗎？」、「到底幾歲要學拿筷子？」、「學習筷到底該不該買？」、「如何教寶寶使用筷子？」相信這些都是許多父母在打算訓練寶寶自己吃飯等生活技能時，必然會出現的疑問。

　　從開始吃副食品起，孩子就會漸漸對大人使用的餐具有興趣，通常一歲前會對湯匙有興趣，一歲之後開始探索叉子（如果有提供的話），而兩歲左右的寶寶開始就會去搶大人的筷子了。

　　對孩子而言，他們對於拿湯匙和叉子學得很快，只要大人肯放手，大概一個星期左右就可以看到顯著進步。但筷子呢？連大人都覺得不好操作了，更何況孩子，這時候該教了嗎？

如何教孩子用筷子？

　　我建議如果是兩歲左右的孩子，若他們想玩的話可以試試，不過要在大人監督之下，注意安全。但不用刻意要求孩

子該怎麼使用筷子，因為這個年紀，手指分化的動作還發展得不好，而筷子是一個需要五根手指頭各司其職的活動，所以如果是三歲以下的幼童，建議以練習其手部肌力與肌耐力、手指分化協調活動為主；到四、五歲以上，再學正確的使用方法，會比較沒有挫折感，姿勢也會比較正確。

就如同寫字握筆一樣，拿筷子也有所謂的正確拿法，如下圖。

筷子的正確拿法

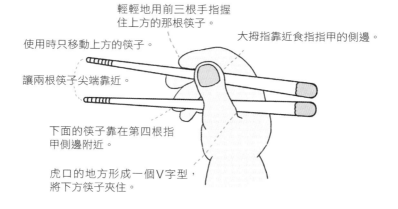

輕輕地用前三根手指握住上方的那根筷子。

大拇指靠近食指指甲的側邊。

使用時只移動上方的筷子。

讓兩根筷子尖端靠近。

下面的筷子靠在第四根指甲側邊附近。

虎口的地方形成一個Ｖ字型，將下方筷子夾住。

在用筷子時，其實只有移動上面一根筷子，下面一根筷子是用虎口和第四根手指穩定住（如下圖），爸爸媽媽可以用正確的姿勢試試看。尤其是本來姿勢就不標準的家長，應該一下就會覺得手掌內小肌肉痠痠的，這其實就意味著你的手部小肌肉肌耐力不足。

┌─ 筷子使用圖示 ─┐

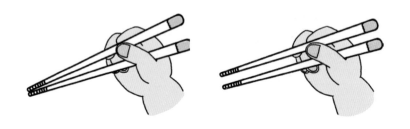

不過相信有不少家長會有疑慮，認為：「我拿筷子姿勢就算不標準，還不是活得好好的！」沒錯，只要能有效率地吃飯夾菜就好，就如同握筆一樣，即使不標準也不是什麼大錯，但通常標準姿勢意味著能讓對的肌肉做對的事情，所以會比較省力有效率。因此在小學前，仍建議讓孩子學習正確拿筷子或握筆的方式。

六步驟，讓孩子輕鬆學會拿筷子

下面是筷子運用的分解圖，爸爸媽媽可以參考這六個步驟讓孩子練習：

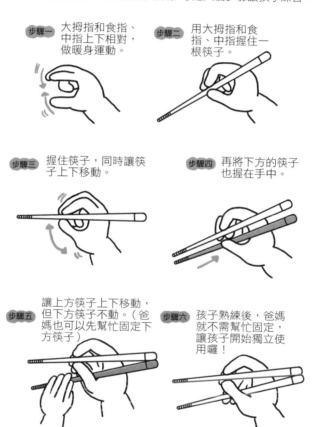

步驟一 大拇指和食指、中指上下相對，做暖身運動。

步驟二 用大拇指和食指、中指握住一根筷子。

步驟三 握住筷子，同時讓筷子上下移動。

步驟四 再將下方的筷子也握在手中。

步驟五 讓上方筷子上下移動，但下方筷子不動。（爸媽也可以先幫忙固定下方筷子）

步驟六 孩子熟練後，爸媽就不需幫忙固定，讓孩子開始獨立使用囉！

肌力與手指協調的訓練遊戲

　　有不少家長反映，買了市售的多種學習筷，孩子還是不會拿筷子，這是因為市售的學習筷，都會讓孩子以使用夾子的方式練習使用筷子，也就是上下兩根筷子是一起動的。但如上述討論過的正確姿勢，應該是只有上面的筷子動，所以我會建議寧可多訓練孩子手部的小肌肉，而不是花時間找各式的學習筷。市售的學習筷反而讓孩子拿不好筷子！

　　誠如之前所說，等孩子四、五歲再開始教正確的姿勢，這樣孩子比較不會有挫折。在這之前，下面的運動爸爸媽媽要多讓寶貝玩，以增加孩子的手掌肌力及肌耐力、和手指間的協調。

我是拿錢、投錢高手

只能用一隻手，將桌上的五個銅板一個個地拿起來握在手掌中，之後再由手掌中一個個推出來放入存錢筒，過程中都只能用一隻手完成。

這是個相當考驗手掌與手之間協調的活動，對於拿筷子、寫字前的握筆準備都相當有幫助。

另外，也可利用玩具來幫忙輔助訓練（如下圖）。工具組就是孩子愛玩、又能鍛鍊手部小肌肉與肌耐力的好教具。像螺絲起子、扳手，都能練到手腕的穩定和指間的協調，槌子能鍛鍊手眼協調，用手插釘子則能練到手掌的肌力，尤其是立起來玩，也能同時練到上肢穩定度。

我是萬能阿曼

別任意貼班上最小年紀的標籤

是真過動？還是好動？

不知道大家最近有沒有看到一則最新研究？台北榮總發現，被診斷有過動症的孩子，可能只是心智不成熟，而非真正的過動兒。

像是出生於六、七、八月的孩子，通常是班上偏小的族群，常常被誤判，認為是太過頑皮而貼上標籤。我覺得這種情況跟我的臨床觀察非常相似。其實不只是過動症狀，包括心智能力本來就該在評估的範圍裡面，孩子周遭的人都只看現象，而不分析原因，太早下定論，我現在一定要趕快來跟大家分享這個研究。

這是台北榮總研究團隊，根據十五年的資料，對象涵蓋近三十八萬名四歲到十七歲孩童和青少年，該論文刊登於近期的〈*The Journal of Pediatrics*〉學術期刊上。

依照台灣目前的學制，兒童入學年齡界限為八月三十一日，九月二日出生，就必須多一年才能入學，於是很多爸媽來問我，這樣孩子在學校的學習，會不會比較吃虧。研究人員分析近三十八萬學童的健保資料，結果顯示，在被確診為過動症的孩童中，通常在班上年紀較小，也就是出生於六

月、七月、八月的學童比率較高，而遲一年入學的孩童被診斷有過動症的機率則較低。

　　榮總的研究表示，全球被診斷有過動症的孩童和青少年比例持續增加，這項研究結果或許提供了另一個面向，也就是醫師診斷孩童是否有過動症以及投藥治療時，應考慮孩童心智年齡因素，若是行為幼稚、注意力無法集中，有可能只是年齡較小、心智不成熟。

　　而且不只台灣，美國、加拿大、瑞典、丹麥、以色列……等國家，也都有相關的研究發現，相對不成熟和過動症間的關聯性，那些年紀小的小朋友容易被誤診成過動兒，然後就強行以藥物治療。這真的算是種病嗎？還是大家不夠謹慎？孩子或許只是還沒「成熟」，但更需要矯正的，是我們這些大人，應該更有耐心並找方法，去教育每個不同個性的孩子。我強烈反對對孩子問診沒三分鐘，就開「過動藥」的落後醫療。

我的小孩是特殊兒？審慎評估，也要早期治療

對於孩子的評估、鑑定，不論是學校老師對家長提出要求，又或是父母對自己的孩子表現與發展心有疑慮而主動求助專家，關於此事，新世代父母都應該要注意以下幾件事。

一、拒絕粗糙評估

孩子的行為及學習表現，一定要謹慎評估，絕對不能用「看完三分鐘門診就用藥」的這種判斷，為人父母者一定要拒絕這種粗糙的決定。在得到三方資料，包括家長、師長、自己的臨床觀察後，再進一步判斷，這才是現代科學及現代醫學。

二、頑皮不等於過動

調皮搗蛋的行為，絕對不能直接跟過動症劃上等號，評估人員應該跟孩子互動，陪孩子遊戲及自然的觀察，進一步完整了解孩子的六大發展，包括心智發展、大小動作發展、認知發展、社會發展、語言發展，會更容易發現孩子的核心問題，因為搞不好不是症狀作祟，而是有其他的問題。

三、行為就是該靠教育改變，因為我們是人，不是老鼠

　　世界上沒有一種藥叫做「聰明藥」，如果有，所有孩子的爸媽一定都會想讓孩子服用了。孩子的行為如果不能符合常規，就該靠教育，該引導，該給孩子新的方法學習。世界上治療過動症的方法，絕不是只有吃藥一途就能改善行為。

　　我十多年的臨床經驗可以告訴大家，絕不是讓孩子吃了藥，他就會變成有禮貌、在團體裡廣受歡迎，也不會從此就不再被老師寫滿連絡簿。如果沒有教育，孩子就不會有心智及行為上的改變。這些孩子或許比較慢學會，因為大腦自我控制的能力較一般孩子晚熟，但是孩子該訓練就得訓練，父母千萬不要排斥行為或復健的治療，只想找速成的方法改善其過動症狀及專注力，如此孩子往往會是最大的犧牲者。

　　現代醫學發現，訓練過動傾向的孩子，最有效的方法包括「感覺統合治療」、「額葉控制力訓練」、「自我行為覺察」、「認知行為治療」、「視、聽專注力訓練」、「衝動管控訓練」、「藝術心理治療」等非常多方法，這些都是「天才領袖」的重點衛教，要讓所有父母知道，在吃藥之前，有更重要的方法要去試。

4

孩子講話臭奶呆，要在關鍵期前訓練好

我家孩子真難教

是出去捷運車站啦！吼！
臭奶呆怎麼辦？

阿嬤，
我要出去撿一顆蛋！

？

王老師的神回覆

難道台灣國語，
只要練習幾次就練成
標準國語嗎？

在《孩子的教養，你做對了嗎？》一書中，我曾提到，四歲半後，孩子的構音清晰會幾近成熟。在本篇文章中，我們要進階來討論說話的問題；而且，其實很多不良的發音狀況是可以矯正或訓練的。

要解決孩子講話臭奶呆，要先了解孩子到底為什麼發不出這些音，而國語的這些音又是怎麼發的呢？

從ㄅㄆㄇ看學說話

孩子有構音不清楚的問題，有的不是勤能補拙、一直瘋狂地請孩子再講一次就會成功。說清楚話，其實是很複雜的大腦語言迴路＋口腔動作協調＋自我監控系統，一起合作運作的產物。我們必須了解這些歷程，才有辦法解決很多音發不出來的問題！

國語的語音分為韻母和聲母，如下頁所示。

國語的韻母和聲母

韻母	聲母	
	依發音部位區分	依發音方式區分
單韻母：ㄚㄛㄜㄝ	雙唇：ㄅㄆㄇ	塞爆音：ㄅㄆㄉㄊㄍㄎ
複韻母：ㄞㄟㄠㄡ	唇齒：ㄈ	塞擦音：ㄗㄘㄓㄔㄐㄑ
聲隨韻母：ㄢㄣㄤㄥ	舌尖前音：ㄗㄘㄙ	擦音：ㄈㄏㄕㄖㄙㄒㄙ
捲舌韻母：ㄦ	舌尖音：ㄉㄊㄋㄌ	鼻音：ㄇㄋ
介音：ㄧㄨㄩ	舌尖後音：ㄓㄔㄕㄖ	邊音：ㄌ
結合韻母：ㄧㄚ，ㄨㄞ，ㄩㄢ	舌面前音：ㄐㄑㄒ	送氣音：ㄆㄊㄎㄑㄔㄘ
	舌根音：ㄍㄎㄏ	

　　小孩的語音發展常是從容易的開始，慢慢發展出較難的語音。

　　大部分的研究指出，雙唇音ㄅ、ㄆ、ㄇ的發展比較早，而舌尖音ㄉ、ㄊ、ㄌ以及舌根音ㄍ、ㄎ、ㄏ也比唇齒音ㄈ、以及舌前音ㄗ、ㄘ、ㄙ都來得早。一般而言，大部分的音在五歲左右應都已發展出來（依據不同研究，發展的時間點可能略有差異）。

孩童的語言發展歷程

年齡	以國語為母語的小孩之音韻歷程發展
＜3歲	所有韻母已發展完成
3歲	ㄅㄆㄇㄉㄊㄋㄌㄍㄏ
3—4歲	ㄐㄘㄑㄒㄗ
4—5歲	ㄈㄔㄙ
＞6歲	ㄓㄔㄕㄖ

　　所謂的構音即是「發音」，是由胸腔呼出的氣流經過聲帶振動，在嘴唇、舌頭、上下顎及咽喉等器官的摩擦或是阻斷等動作，發出各種聲母和韻母。而構音異常就是所謂的「臭奶呆」，其類型或方式可能有許多種，這需要由專業的語言治療師來評估判斷。

　　不過兒童在語音發展上常會出現一些特殊構音型態，如前置型的構音，將「阿公」說成「阿東」，另一類是以不送氣音代替送氣音，如將「兔子」說成「肚子」，這些情況若發生在兒童早期的發展階段，爸爸媽媽就不需過度擔心，因為大部分的兒童於日後會逐漸發展正確的語言。

口腔運動練習，幫孩子「說好話」

一般而言，可以依不同的構音錯誤情況，幫孩子選擇合適的練習方式。整個口腔運動大約可以包括下列活動。

一、唇的練習

就語音的發展雙唇音ㄅ、ㄆ、ㄇ是比較早，因此可利用一些遊戲的方法讓小朋友練習唇的部位，爸爸媽媽可以觀察孩子是哪個音發不好，而特別加強。最好面對鏡子，孩子更可以明顯看到自己的嘴形變化。

❋ 在兒童嘴唇上塗上護唇膏，再把嘴印在鏡子上，比比看，誰的嘴巴最大，誰的嘴巴最小。

❋ 用嘴唇印在圖畫紙上，自由創作成一幅畫。

❋ 噘起嘴唇做吹口哨狀說「嗚」。

❋ 拉開嘴唇說「一」。

❋ 不停交換說「一」、「嗚」。

❋ 上下嘴唇內縮後發「吧」。

❋ 閉唇練習：玩「kiss」遊戲，或閉嘴夾住一張紙，可以幫

助他們體會如何閉上嘴巴。

❋ 鼓脹兩頰然後發「啪」聲。

❋ 鼓起兩頰做漱口狀。

二、舌頭練習

❋ 練習舔的動作：

➊ 讓孩子舔麥芽糖棒或冰淇淋。

➋ 把果醬、蜂蜜、海苔碎片等孩子喜歡吃的東西，放在湯匙上讓孩子舔來吃，看誰先舔完。

➌ 將兒童喜歡吃的食物塗或黏在嘴唇上，例如海苔，要他用舌尖舔下來吃。舔的順序是：

    a. 下唇中間。

    b. 唇的左角或右角

    c. 上唇正中

    d. 繞圈圈舔：將蜂蜜塗滿嘴唇上的蜂蜜，看誰先舔淨。

❋ 舌頭伸出伸入，並逐漸加快速度。

❋ 把舌頭伸出外面再往上翹。

❋ 舌頭向左右嘴角移動。

❅ 舌頭在口腔內左右移動推抵兩頰內側。

❅ 用舌尖舔上下唇。

❅ 舌頭在牙齒外側轉動做清潔牙齒狀。

❅ 捲舌作「ㄌㄩㄝ」的聲音。

❅ 用吸管吸飲料：用吸管吸飲料，舌頭會被牽引到口腔的
後部，亦是一種舌頭的訓練。也可以用吸液體飲料加蒟
蒻或自製珍珠，增進舌頭同時去處理液體和固體的能力。

三、上下顎運動：

練習上牙齒咬下嘴唇，或下牙齒咬上嘴唇。

四、呼與吸的練習

❅ 吹氣遊戲：用嘴巴呼氣，吹羽毛或吹衛生紙，不同形
狀、顏色會讓孩子覺得有趣。亦可以棉花、毛線、彩
帶、棉紙片等器材代替。練習呼氣的長短、強弱、斷
續，以培養兒童呼氣的調整力。

❅ 透過厚紙筒吹上述材料，材料可由小（輕）而大（重），
輕重不同，所用氣量不同，注意送氣集中、均勻。

❅ 用吸管吹上述材料，放置桌上，成人先示範，再鼓勵他

自己吹。

* 吹玩具小喇叭、哨子、口琴、笛子等，或吹泡泡、風車、氣球、乒乓球等，以增進呼氣量與調整力道。

* 做不要說話的信號：「噓」，也可以在玩車車時一起發出「咻」。

* 吹火柴、蠟燭、碎紙片、口哨。

* 用吸管吹水。

* 慢慢哈氣，越長越好。

* 把舌頭放在上、下齒之間慢慢吹氣。

五、舌根音的練習

漱口練習：喝一點水，頭仰著，發出「咕嚕咕嚕」的聲音，協助小朋友了解舌根動的感覺。

六、聽辨練習

讓孩子辨別音與音之間的不同，除了用詞語直接讓孩子辨別，像是「蛋糕」還是「蛋刀」呢？或利用一些日常生活常見的聲音讓孩子辨別，並問他能否辨識這是救護車還是消防車的聲音呢？能模仿這個聲音嗎？

七、越練越複雜

如果孩子已經超過四歲，除了單音的練習外，必須慢慢擴及到語詞、句子、朗讀文字、看圖說故事，甚至對談，因為很多構音異常的孩子，可能慢慢說還好，但一旦對話就又出現問題了。

八、家長保持好態度

家長應該努力做一個好的示範者，說話速度盡量放慢，並增加說話的語調，以及清晰地發音。除此之外，家長需要以正面的態度去鼓勵孩子，多讚美少責罵，如果已經有語言治療師的評估建議，那就務必多練習治療師的建議。

最後還是要提醒各位爸爸媽媽，如果到了四歲左右構音還是不清晰，上述運動若在家實在教不來，就建議盡快讓語言治療師進行語言發展評估了！別輕忽構音問題，講話老說不清楚，除了會影響同儕互動，退縮畏縮，進而也會影響學業成就的。

5

戒尿布和如廁訓練是否成功，跟幼兒心理有關

我家孩子真難教

妳已經3歲，
不能再包尿布了，
在馬桶上尿！

王老師的神回覆

你會在孩子滿周歲
那天，叫他不准再
爬了，或不准再比
手劃腳嗎？

很多媽咪都跟我反應，戒尿布好難！媽媽們的壓力是來自孩子戒不掉、隔代教養的觀念差異、同儕或同齡小孩早已戒除，又或是即將面臨上學的階段……等，理由不一而足。在這篇文章中來跟大家一起討論如廁訓練及如何戒尿布。

若你手邊已有《跟著王宏哲，早期教育SO EASY》這本書，可以參考「如廁訓練是早期教育」的重要章節。

為何巧虎教得動，媽媽教不動？

如廁問題為何要一提再提？那是因為爸媽關注的焦點都不對，而且爸媽都沒發現孩子的心智發展快速，你要他早早戒掉尿布的期盼，孩子不但知道，還會刻意逃之夭夭。

一項沒有準備好的事就要開始做，會讓孩子很沒安全感，甚至影響往後的發展。以下就是父母該知道的觀念。

一、尿布，兩歲前戒是太早

如果孩子還沒準備好，在兩歲前不要著急，也不要比較。大人的焦慮孩子感受得到，會讓孩子為了如廁無法成

功，變得情緒起伏相當大。

二、順其自然讓孩子知道

不管是哪一部卡通，如果要教授引導孩子的如廁訓練過程時，都會用很自然的口吻、輕鬆的方式，告訴孩子不要緊張、有安全感，這件事（如廁）不是非常嚴重的；剛好與父母急於教導孩子要脫掉尿布的迫切心情是相反的。

孩子已經要開始學習生活自理時，父母會很認真地訓練、嚴肅地看待這件事。當孩子出現警覺：「你想要脫掉我的尿布嗎？」就會變得敏感、焦慮、緊張，不知不覺，孩子就會將馬桶與恐懼連結在一起。父母可以試著用如下所示範的演戲引導方式，教孩子練習如廁。

母：長頸鹿妹妹，馬桶寶寶肚子好餓，好想吃便便喔……

孩：我可以去找馬桶寶寶嗎？

母：好啊，我們去廁所找馬桶寶寶。你看！馬桶寶寶好可愛喔，他肚子餓，想要吃便便，你可以嗯嗯給他嗎？

孩：不要不要，不要脫我的尿布。

母：沒有要脫你的尿布，你看，馬桶寶寶裡面有水，按下去水水就會把大便、尿尿沖走，你要不要試試看呀？好像很好玩！

孩：不要不要……（哭鬧）

母：那我先跟馬桶寶寶玩一下，馬桶寶寶你好，長頸鹿妹妹還沒準備好，我先跟你打招呼。

　　透過演戲、活動的方式，讓孩子覺得「馬桶寶寶」是個可愛的形象，是他們的好朋友。每當孩子進入到下一個發展階段時，輕鬆學很重要。

三、不要勉強孩子

　　有媽媽說，他家的寶寶終於會蹲馬桶，但兩秒後就馬上起來，該不該請他回去蹲好？我說不用，當他已經開始有一些焦慮的情緒，就要先暫停練習。再者，馬桶的高度也會讓一些小朋友害怕，大便會比尿尿要花更多的力氣及時間，這些控制行為必然要等到孩子更加成熟才能進行，所以從生理發展上來看，通常孩子在大便上會比尿尿晚一點。多鼓勵孩

子的行為，例如：「好棒，你上去了十秒耶！我們下來跟馬桶寶寶打招呼。」

有些孩子會排斥如廁，因為這對他們來說，是一個「無法預測」的感覺。他會害怕這些東西到哪裡去了？包尿布之所以有安全感，是他們知道便便跟尿尿到哪裡去。而完全不願意脫尿布的孩子，在於他並不瞭解如廁的環境、對馬桶的認識。

四、越刻意教他尿尿，越容易尿褲子

我常跟父母說，哪一方教導都沒有差別，會憋尿的孩子，通常是因為太在意大人的刻意訓練，不要一直提醒孩子「要不要尿尿？」，這樣會增加孩子的焦慮感，混淆要尿不尿的感覺，就更容易尿褲子。

在訓練的過程，就是一種感覺的回饋。有些高敏感氣質的孩子，一碰到冰冰的馬桶就會尖叫、不舒服，這時可以運用感覺統合觸覺刷（這是一種兩面式的軟式觸覺刷），調整寶寶大腦的感覺處理，讓他不要這麼敏感。

一開始訓練時，可能需要大人定時帶孩子上廁所，但是

當孩子已經有自己的意見時，就別再強制用「定時」這一套方法，反而是要提醒孩子：「媽媽是提醒你，你不要上沒關係，但是記得，當你在那邊扭扭扭，就是代表你想要尿尿了喔！你要記得這個感覺，出現時就要趕快跟媽媽說喔！」這種說法就是在訓練孩子的尿意感覺敏感度。

五、小便可以做到，但大便一定要包回尿布！

很多媽媽也反映，包括我自己的兒子也是，孩子都已經可以去馬桶尿尿了，為什麼便便時都一定要包上尿布才要便，為了不讓孩子便秘，只好如此，結果到了三歲多，便便都一定要尿布，怎麼辦？

其實正如前面所說，便便對人而言是有點不舒服的，孩子焦慮自然就會想要有包覆的感覺，因此就會要求穿上尿布。建議可以利用以下的方式。

❖ 利用繪本認識便便，例如「黃金便便大出來」、「便便先生」，讓孩子了解便便是什麼，將便便擬人化，他可是馬桶寶寶的食物喔！孩子自然就會放鬆。

❖ 同儕力量大，到親子館或親朋好友的聚會，如果孩子有

上學了，那就更好，讓孩子知道同儕都是到馬桶大小便的。

❋ 讓孩子習慣坐馬桶、定時坐馬桶，不管有沒有大，但在馬桶上是要開心的經驗，只要做一分鐘或再多一分鐘都該獎勵。

❋ 別讓孩子壓力大，別因為這件事被罵。

❋ 每次孩子「急」的時候，還是試著和孩子溝通到馬桶上，但不要搞到孩子有情緒。如果不成功，沒關係，我們下次再試吧！

❋ 善用集點制度，讚許孩子的努力，重點是過程，而不是看有沒有成功。依據經驗，其實這樣的方式沒多久孩子就會有進步。當然也有個性比較堅持的孩子，如果孩子到了三歲半，還是依然如此，就會建議爸爸媽媽的態度需要堅定些了。

搶救夜尿大作戰

如果想讓孩子半夜不起床小便睡過夜的話，膀胱得夠

大。建議先從白天午睡開始訓練起，等成功之後再考慮晚上。

　　一般而言，孩子在四歲前白天膀胱就可以控制，而且還調節得不錯；但夜尿的部分通常就要花比較長的時間，大約五到七歲才有辦法控制好。根據統計，五歲的孩子大約有十五％還有尿床問題，或夜尿、夜晚尿失禁，也就是醫學上稱的「遺尿」。

尿床的六大原因

1. 白天不斷被提醒要去尿尿，弄到很緊張，尿意混淆！
2. 孩子的膀胱成熟速度較同儕慢。
3. 孩子的膀胱容量較小。
4. 基因遺傳：父母過去有夜尿或尿失禁問題，孩子也較容易出現。
5. 抗利尿激素較少：一種人體的荷爾蒙，作用在於減少排尿。
6. 睡得太沉：孩子無法感受到膀胱脹滿的感覺（但此理論仍具爭議）。

　　通常其他生理或情緒因素較少造成單純尿床，因為可能會合併其他問題，例如頻尿、白天尿失禁、尿道疼痛等等，

而很容易被察覺。

　　若孩子可以明確表達他想上廁所的需求，又接受暫時不穿尿布的話，你就能讓他不穿尿布睡過夜。剛開始小孩還是會尿濕褲子，這是必然的，可以鋪防水墊、穿學習褲，用漸進式的方式，在四歲左右再開始加強練習。

　　想要改善孩子夜尿，可以先從改變態度與生活習慣著手。

❋ 夜尿是普遍的：有十六％的五歲孩子一周至少有一次的夜尿。

❋ 不要懲罰：夜尿不是孩子或照顧者的錯，孩子不應該因為尿濕床而被責罰。

❋ 會改善的：夜尿問題通常會隨著時間而解決。

❋ 小撇步解決尿濕床的困擾：尿濕床而造成的影響是可以減少的，例如使用防水保潔墊、產褥墊、防臭劑。另外，幫孩子換上乾淨衣褲前記得幫孩子清洗一下。

❋ 善用紀錄找最佳解方：利用月曆記錄每晚是否有夜尿，以了解哪個方法有效。

* 規律排尿：孩子白天應該規律排尿，睡覺前也要（一天大約四到七次）。如果孩子晚上醒來，照顧者也應該讓孩子去廁所排尿。

* 注意飲食：有夜尿的孩子，高糖份食物、氣泡飲料和含咖啡因飲料應該要避免，尤其是傍晚之後。

* 調整攝水量比例：一整天的飲水應該集中在早上和傍晚之前，從傍晚開始攝水量就要減少，有些學者甚至建議有夜尿困擾的孩子，早上（七點至中午十二點）應攝取一整天水量的四十％，下午（中午十二點至下午五點）攝取四十％，傍晚之後（下午五點過後）只有二十％。如果只是限制晚上的喝水量，但白天並沒有相對增加，可能導致孩子整日的攝水量不足，反而容易失敗。

* 改善環境：在走道和廁所開小夜燈，讓孩子方便在半夜找到廁所。如果廁所真的離很遠，就要考慮放個小便盆在房間裡。

* 別再用尿布：一直使用尿布、學習褲或拉拉褲，反而容易讓孩子沒有動機想要起床排尿，因此不建議一直使用。

❋ 請孩子幫忙清潔：如果真的尿床了，早上要請孩子幫忙做清潔的工作，並且請孩子清洗一下，避免身上殘留尿味。

❋ 別嘲笑孩子：千萬別嘲笑，也別讓手足嘲笑孩子。

　　至於要不要叫孩子起床尿尿，因為會中斷睡眠，我想這是不得已的方式，建議到了六歲之後，以上的方法都試過了，還有這樣的問題再考慮。

第六章

學習的秘密

做錯這些，孩子上學的分離焦慮更嚴重

每年一到幼兒園及小一新生入學的時候，你有沒有覺得，媽媽比孩子更焦慮緊張？來吧！你最擔心孩子的適應及分離焦慮的問題，我寫了一份大補帖送媽咪們，關於新生入學，爸媽常不知不覺犯的錯，你一定要知道。

傷腦筋！孩子為什麼好黏人？

一名瘦小的幼稚園大班男童，從中班入學就吵著不想上學，半年後漸漸適應，卻因為在班上交不到好朋友，開始一想到上學就不停哭，甚至哭到吐、出現腸胃問題、全身不適，因免疫系統不好而時常感冒。家長帶他前往兒童特別門診，才發現孩子有好發於幼兒的身心症「分離焦慮」。

分離焦慮往往建構在「害怕」的情緒上，研究證實，過度害怕與長期恐懼，會讓大腦結構產生改變，認為一離開爸媽就會有不好的事發生，導致孩子無法離開照顧者的視線、無法單獨入睡，且出現不愛上學的問題。

以下就是幼兒出現分離焦慮的幾種原因。

一、環境改變

例如換新家、上學或日托場所、多了弟弟妹妹等。

二、壓力

換學校、失去愛的人（包括寵物）、父母吵架、有個生病的手足、同學嘲笑等。

三、過度保護的家長

家長自身的焦慮也會影響孩子，就像傳染病一樣，讓孩子也產生分離的焦慮。

四、孩子本身的氣質及經驗

有些孩子本來就是觀察型、適應時間需要比較長，還沒有準備好就被丟包，孩子會容易恐懼及焦慮。

五、孩子覺得環境刺激不能滿足

孩子越來越大後，吃睡不能滿足，探索行為變多，也需要大量的遊戲刺激。還有些孩子不想爸爸媽媽去上班，其實是想要爸爸媽媽陪玩，但無法表達得很清楚，只好用一哭二鬧來阻擋。

幼兒分離焦慮的行為

行為	表現方式
拒絕上學	毫無理由地害怕上學，想盡辦法要待在家中。
不肯睡覺	因為害怕睡覺時的獨處、或害怕會做與「分離」有關的惡夢，甚至因為睡醒了就要上學而不願睡。
說自己生病了	在分離的前夕，孩子會跟大人抱怨他生病了，如頭痛、肚子痛。
緊黏照顧者	孩子可能會如影隨形地跟著你，特別是在你想要離開時緊黏著你。
不讓爸爸媽媽上班	孩子每到特定的時間就很焦慮，例如：早上起床、媽媽要去上班、車子快到幼兒園的時候就尖叫大哭。

讓小小新鮮人更有安全感的九種做法

當父母的，都很希望孩子趕快獨立，但有時又無法割捨自己的天性，陷入「孩子離不開你，你也離不開孩子」的兩難。跟孩子漫漫的人生相比，分離焦慮只是一段非常短暫的過程，我常鼓勵父母用漸進式的訓練法，不疾不徐，陪著孩子成長。

要解決孩子的分離焦慮，你可以利用以下的技巧跟孩子

溝通。

一、你自己要先充分了解分離焦慮

理解孩子分離焦慮產生的原因，你就能同理孩子的感受而支持孩子，並用同理的方式和孩子談論分離這件事。例如，「媽媽知道你覺得進去學校就看不到媽媽了感到很害怕，可是你看學校有好多好玩的玩具、好多同學、還有你心愛的玩偶陪著你耶！你只要吃完午餐、睡覺起來、聽完故事、吃完下午的點心媽媽就會來接你了耶！你看每次媽媽是不是都短針指到四就會來接你，昨天也是，前天也是……。」

像這樣，同理且堅定地提醒孩子，他不也是平安地度過上次的分離，媽媽會準時地再回來的。千萬別只是一味地對孩子說：「你長大了，要勇敢乖乖進教室啊！」，這樣孩子是感受不到你的愛的。

二、傾聽並尊重孩子的感受

當孩子已經表示獨處的害怕時，傾聽絕對是讓孩子更有

勇氣的方法，辱罵、嘲笑、嫌棄、生氣只會讓孩子更沒安全感，例如：「你羞羞臉，這麼大了還這樣。」、「我不管你了，你跟老師進去，我還有很多事要做。」，這只會讓孩子感受不到你的愛，更怕失去你。

但是，你也要設定好底限，讓孩子知道儘管你能理解他的感受，但是規範就是得遵守，例如時間到了就是得上學，不可以拖。

三、分離時你自己要保持淡定

孩子如果看到你很淡定，他的情緒也比較容易平靜。

此外，也要調整分離的情境。例如，對於即將分離時，如果孩子和爸爸比較容易分離說再見，那就讓爸爸負責處理分離這件事。

四、適當地提供選擇權

給予孩子一些控制權，例如孩子可以決定帶什麼玩具去上課、要什麼人陪，孩子會比較容易感到舒服安心的。

五、找出孩子可以玩比較久、變化比較多的玩具

分散注意力，對於幼兒的分離焦慮，往往是蠻重要的做法。尤其孩子越大，已經都有了安全感，還不能讓媽媽放手，這時候就需要可以探索很久的玩具陪伴。

我首推扮家家酒、演戲類的教具，因為一方面可以變化多端，每天有不同玩法，一方面爺爺奶奶陪玩又不會太累。

六、鼓勵與支持孩子參與活動

例如不斷鼓勵孩子和其他小朋友一樣去玩公園的遊樂設施、和小朋友一起追逐玩球等。可以溫柔且堅定地跟孩子說：「媽媽希望你可以去教室和小朋友玩，而且我知道你一定做得到。」

七、提供固定的作息

有分離焦慮的孩子對於未知的改變會更感到焦慮，因此盡量有固定的 schedule。如果會有改變，例如明天有老師代課、或者換教室上課，都盡可能先告知孩子，預告能適度地減緩焦慮。另外家長也要說到做到，說幾點接孩子就是幾

點，孩子才更安心。

八、逐漸拉長分離的時間

　　對於考慮要上學的孩子，可以先選擇一些小團體的課程讓孩子適應分離，接著上學就是大團體了，可以考慮先念半天，再來適應整天。

九、一定要記得讚美孩子的獨立

　　就算是很小的事情，例如有自己到床上準備睡覺、學校老師有誇獎點心是自己吃完的等等，都應該要好好地讚美孩子。

這樣說，會讓孩子分離更焦慮

　　當孩子最信任的人，無法同理他的感受，無法傾聽他的需求，孩子經常會不知所措，因為他希望在面臨新挑戰的浮木，不要離他而去。

一、「不能哭」

　　其實阻止孩子有情緒，不是很明智的方法。如果你看過

我寫的《教孩子比 IQ 更重要的事》，一定記得我說的：情緒要有出口。你阻止了孩子難過的情緒，他可能轉為焦慮、壓力、生氣等其他情緒，最後亂七八糟到不能溝通。

但很多媽媽也說得很好，用哭的，就沒法好好說了，所以我會叫孩子不要哭。我會這麼引導：「我有看到你在哭，我都在陪你把哭哭蟲趕走，我知道你沒有辦法控制，所以我在陪你想辦法。能哭小聲一點，不要太激動，就是很棒的表現。」一來把標準降低，二來用溫柔支持的語氣，讓孩子能比較理性地打開耳朵。

二、「要勇敢」

這也是很多媽咪問我的：「為什麼連『要勇敢』都不能說？」我要請大家想想看，日常生活中，你何時會跟孩子說「要勇敢」？不外乎是分房睡、不要怕黑、不要怕高、受傷不舒服時等情境，所以對「上學」這件事，你口口聲聲的勇敢，其實是在間接提醒孩子：「這是一件冒險犯難、真不容易做到的事！」我們原本的方向應該是告訴孩子，學校是一個輕鬆遊戲學習的地方，怎麼會瞬間變成冒險犯難的地方

呢？

　　我曾經就在校園看過，爸媽跟孩子說：「上學要勇敢，你一定可以成功！」孩子馬上回：「我是不是不要勇敢，就可以回家了？」所以要小心孩子的想像與聯結，真的跟我們大人的想法不一樣。

三、「快點進去！」

　　「快點進教室」這種話，有催促的語氣在裡面，也有「快跟我分開」的感覺在裡面。

　　如果你的孩子平常就跟你如膠似漆，動作也很溫吞，你卻在上學的頭幾天，因為上課鐘響了，就叫他不要再黏你了，恐怕他會更討厭上學這檔事，因為這會讓他覺得：上學讓我爸媽變得很急，上學每天都要過著很趕的生活。所以我會建議讓孩子早睡早起，提早到學校暖機，別讓孩子睡到最後一刻，弄得非常焦慮。

四、「這樣很羞羞臉！」

　　有一次一個媽咪留言給我，他說在他孩子的幼兒園，有個比較黏媽媽的孩子，每天到了學校後都要十八相送，

後來老師實在受不了了，就跟孩子說：「羞羞臉，大家都在看你哭！」，在旁邊的媽媽也不知道怎麼做，只好配合老師：「對啊！羞羞臉！這麼大了還哭！」最後問題不但沒有解決，反而孩子的情緒更強，更不配合，這種情況持續了非常非常久。這個基於教養天性、也關心另一個孩子發展的媽媽，充滿疑問地問我：「這樣做真的對嗎？」

其實答案從行為結果就可以知道了。原因就是，這類較敏感氣質的孩子，沒有好好地認識環境、沒有得到支持，就會更無法在團體中發揮信任感；而身為安全避風港的媽媽，最後也加入支持這種做法，就變成壓垮情緒的最後一根稻草了。所以，「羞羞臉」這句話，千萬別用在氣質敏感及退縮的孩子身上。

五、「你不是昨天才跟我說好的？」

這句也是爸爸媽媽在新生上學的現場，常常說的一句話。但演場會的彩排，畢竟跟真正演唱會是不一樣的，有新同學、新老師、新環境，所以昨天才答應，今天就反悔是正常的。過度地提醒孩子別反悔，孩子會覺得無可奈何，最後

經常還是會崩潰的。所以，應該是轉移注意力，增加信心就好，不要提醒孩子：「你曾經答應過我不哭不鬧」，因為這經常是會做不到的。

六、「你自己看，老師都來了！」

如果家長要強調老師的權威，也應該是跟孩子說：「老師會保護你！」、「想要尿尿、喝水、太熱太冷，都可以找老師說，他會幫你忙。」讓孩子覺得老師是他的浮木才對。可惜有些家長，在現場被孩子的情緒弄得很急了，就跟孩子說：「你看，老師在看你喔！再不進去老師就來了！」這樣一來，豈不把和藹可親的老師，弄得很「黑」了嗎？所以要小心你對老師的形容。

七、「你們班只有你在哭！」

如果跟孩子這麼說，他有可能會覺得：同學都沒哭，同學都比我強，我就是做不到，那我就不想來上學了。上學的目的，就是要讓孩子融合進入團體，團體應該是平行的、最輕鬆、最好玩的，所以要轉移孩子的注意力去找玩伴，而不

是提醒孩子，他跟其他孩子的不同。

八、「不要再一直問我會幾點來接了！」

幾點可以見到媽媽，這件事對新生來說相當重要！我自己的孩子，大概會鬼打牆地問我這個問題五十次。其實這不見得完全是他們對爸媽的信心不足，而是一旦聽到了「四點來接」或「五點來接」，會讓孩子有一個明確的目標，讓孩子覺得你不是在敷衍他。所以，當你動氣叫孩子不要再問了，孩子很可能覺得，你是不是反悔了，反而變得更焦慮緊張。

九、「在學校一定要乖乖吃飯！」

我經常在討論孩子的飲食問題，因為台灣的孩子，吃飯吃得壓力很大，也吃得很不好。上學有環境要適應、有陌生老師同學要適應，已經夠忙了，在孩子還那麼小才剛入學的時候，還提醒他在學校裡有一個「吃飯時間」，讓他不能囂張，不能像在家一樣當大爺，這是很不必要的事。

順其自然，讓老師去教導，孩子看到其他人吃，自己就

會跟著吃了，不需要你不斷提醒「要乖乖吃飯喔」、「要乖乖睡午覺喔！」如果今天做不好，豈不是代表他不乖，那明天怎麼會想去上學呢？所以，家長不該過度放大看待此事。

十、「在學校要專心聽老師的話。」

　　幼兒園是去玩的，就算是小一，也是該快快樂樂地去玩中學。「專心聽老師」這件事，我覺得可以提醒，但不要一直提醒，因為這可能會讓孩子想像老師是很嚴肅的、很結構教育的、很不能溝通的。

　　我倒希望跟幼兒園新生說：「今天起，你多了一個玩伴，那就是學校的老師，他會開開心心陪你們，希望你們也很開開心心跟他們玩。」而對於小一新生我會說：「小學老師，可以告訴你好多爸媽不知道及有趣的知識，讓你懂很多，開心去聽，我們回來一起分享，你可以教媽媽！」

　　如果孩子上學的分離焦慮，持續四至六週以上，而且學校老師反應在學校需要非常久才能把情緒安撫下來，而且哭鬧的頻率相當高，明顯影響孩子日常活動及學習活動的參

與，而且上述方法都試過成效不佳，以及年齡已經屆滿五歲，就要懷疑是否有「分離焦慮症」。老話一句，自己別亂猜，盡快尋求兒童發展相關專業協助就對了！

我家孩子真難教

蒙特梭利、主題教學、雙語學校，還是森小附幼？

哪一種幼稚園適合我的孩子呢？

王老師的神回覆

不管是哪一種幼兒園，老師才是影響孩子的關鍵。

最近又有媽咪在問我，該怎麼選幼稚園？蒙特梭利、主題教學、雙語學校、森小附幼，那一種幼稚園適合我的孩子？其實，在我的眼裡，沒有所謂的名校幼稚園，因為，適合別人家孩子的，對於自己家的孩子，真的不見得適合。

當初我在幫老大挑幼稚園的時候，參觀過家裡附近的公立小學附設幼稚園，真的非常喜歡公小的課程設計及師資，所以第一時間選擇了抽公幼，但結果你應該知道，比考大學還難進，真的沒有抽到。後來，就再選了另一間私幼，老師非常有耐心，園長媽咪的多元主題理念非常清楚，而且非常鼓勵孩子動手去做。

我歸納了一下，發現我在選學校時，有六個口袋重點，可能跟其他爸媽不同，以下提供給大家參考參考。

一、善用二擇一的比較

選幼稚園，我不會去參觀個數十家，再讓孩子來選。我會在大腦裡先將眾多幼稚園做番思考與比較一下，最後篩選到只剩下兩家，再帶孩子去走走。

因為要上幼稚園這個年齡的孩子，二擇一的能力已經發

展出來，選項多了可能讓他們產生混淆，變成全都想要，也可能最後會都不要。而且別相信孩子第一時間說的「不要」，那往往只是他的錯誤認知，覺得媽媽要離開我了。所以別在參觀的校園裡，過度強調「要上學」這件事，否則會造成孩子的壓力。

二、觀察教室規則是否訂得明確

觀察一下教保人員或老師，在處理比較有情緒或比較不守規矩的孩子，是不是能堅定的、有原則的、引導式的，告訴孩子下一步應該怎麼做。通常有經驗的老師，都能做到我那句經典名言──「溫柔而堅持」。

三、觀察生活常規的表現

觀察園所裡的孩子，日常生活的常規是不是能主動實行。例如孩子要上廁所時，能力好的，老師是否會讓孩子自己獨立完成全部的步驟；能力不好的，老師是否會觀察孩子是從哪裡開始不懂，才決定從哪裡開始協助。還有，在吃飯的時間，孩子是不是都能在規則中，跟著團體的節奏；不喜歡或不專心吃飯的孩子，老師們是否能用輕鬆的方式引導。

四、從藝術作品看多元學習

　　每個園所都會把孩子的作品或畫畫貼出來，這些作品，真實反應孩子的內心世界，也反應了這些孩子是否是多元學習，應該各式各樣，五彩繽紛。每個人都不一樣最好，畫得好不好一點都不重要，因為這些都是創造力的表現。

五、感受教室的氣氛

　　團體生活社交，是家長最希望孩子進學校體驗的，所以可以觀察一下教室氣氛，例如：孩子的分組活動，能不能主動交談；孩子會不會主動去找老師尋求幫忙；孩子是不是有表現出一些合作的動作。

　　還有一點很重要，就是老師們是否有散發出「娘的氣息」。說來雖然不科學，但挺準的，因為孩子在依附及安全感中，會學得更好。

六、每日的課表與作息表

　　我很重視孩子的感覺統合及體適能，所以一週二至三次以上的唱唱跳跳律動時間，有足夠的體能課或體操時間，我覺得對這階段的孩子非常重要。

如果有操場的學校，你可以問一下老師，平常如何利用操場及何時利用操場；如果沒操場的學校，就問一下老師，戶外的遊戲設施及空間，大約多久讓孩子使用一次。還有戶外教學的內容，也可以請教一下老師，園方都怎麼安排，都帶孩子去過哪些地方。

　　以上六點，可能跟你看廁所、看校園設備，有很大的不一樣。但我覺得真的不見得要跟其他人一樣擠破頭地挑名校，而是要挑跟孩子氣質適合的學校；不見得要挑名師，而是要挑很有原則及耐心的老師，挑很能溝通的老師。這些重點，希望幫助大家在選校時快速看到重點，接著就慢慢引導孩子的獨立。

　　以上就是一個過來人爸爸，為孩子挑選第一間學校的經驗談囉！

3

別前因後果不知道，就插手媽媽的管教！

我家孩子真難教

沒關係，給她吃啦，反正她只是小孩。

我要冰雪奇緣的糖果啦！

SALE!

王老師的神回覆

路人的一句沒關係，讓父母的堅持像個屁！

記得之前路過「天才領袖」的大廳，看到一個孩子上演肯德基＋大法師，哭鬧不休，同事問我：「你怎麼不親自露兩手搞定小孩？」，我翻個白眼說：「真正的高手，是不輕易出手的。」雖是一句玩笑話，但，管教，不了解前因後果，真的不要任意插手。有三個原因：

一、插手的，通常自我感覺良好，覺得自己很會教，但實際上並沒有這麼在行，最後只會幫倒忙。

二、任意插手，而且只會用討好的方式，往往會讓正在管教的人威信盡失，整盤弱掉。下次沒有你的討好，媽媽更難教。要討好，媽媽也會，何需路人插手？

三、插手的人，不了解情緒背後的原因，就任意下註解，例如：「明明是想睡覺有情緒，卻說孩子不上課就不要強迫他上。明明是因為沒有拿到玩具在生氣，卻說他不想吃飯就不要勉強他吃。」這真的不知道在教什麼，完全失去管教的焦點。

另外，教養不是補習，沒有好行為速成的方法，溫和的引導才是最長效。這些都不是什麼大道理，但中不中肯，就

讓看倌自己判斷了！

五種狀況，把管教權還給媽媽

之前有個媽媽，說先生跟婆婆在她管教孩子時總是說：「好了！妳可以不要這樣嗎？」，原因是先生總是覺得媽媽情緒失控，可是媽媽很委屈的說，爸爸根本不了解前因後果，平常也沒在帶孩子，就阻止了她的管教。我覺得爸爸這樣的做法有些不對。大家在五種狀況時，請把管教權還給媽媽：

一、平常孩子都是媽媽在帶，你不了解孩子的生活作息，孩子在不同的時候，可能有不同的情緒及行為。

二、孩子違反規定當下，旁人沒有了解前因後果就去阻止媽媽處罰。

三、孩子因為知道有靠山，講不聽，故意違反媽媽的底限。

四、當白臉出現時，孩子的耍賴及情緒會變得越來越多，明明做得到，都變成做不到，很明顯感受到他變本加厲的行為。

五、媽媽正在講道理給孩子聽，情緒也沒有失控，是就行為來教，不會失去焦點，就該放手給媽媽教。例如說：「你再不收玩具，表示你不珍惜，我就把他送給育幼院有需要的孩子。」，這是正確教養；如果說：「你總是不收玩具，真是個壞小孩，我再也不會買給你。」這是錯誤教養。因為批評品格沒教到，而且你下次還會買給他，這是情緒失控時的氣話。

從父親「粗野」風格的打鬧中，學習情緒管控

那爸爸在家庭中的角色，如何正確地參與育兒的大小事呢？

在一九五〇年代開始進行的一項長期研究，曾發現那些在五歲時有父親陪伴並且參與照顧的孩子，長大後要比缺乏父愛的孩子，更具有同理心和慈悲心。當這些研究對象到了四十一歲時，其中那些曾體驗過較多父愛的受試者，也會有比較理想的社交關係，他們擁有更持久、更美滿的婚姻，也擁有自己的孩子，而且會和非家族成員的朋友們共享娛樂活

動。

　　另外，有研究顯示，缺乏父愛的男孩，很難在自信和自制之間尋找到平衡點，所以他們要學習自我控制和延後獲得滿足的技巧時會比較困難，這些技巧在男孩長大後追求人際友誼、學業成功和事業目標時，會更重要。

　　而女孩的父親若能陪在她身邊、並且瞭解她的生活，這些女孩比較不會在未成年時就發生複雜的性關係，而是在成年後才會漸漸與男性發展健康的關係。其他方面，像是孩子與同儕的交往關係以及校內的成績，也深受父親影響。

　　父親和新生兒相處的方式是說話較少，但有較多撫觸孩子的動作，並會以一些有節奏的輕敲聲來吸引孩子的注意力，遊戲也比較特別，會讓孩子情緒起伏較大，從嬰兒不太感興趣的活動，一直到讓他們興奮激動的玩樂都有。相對地，母親陪嬰兒玩的方式，以及這些嬰兒所感受到的情緒，則比較平穩。

　　這些差別會持續到兒童階段，父親會和孩子一起做打鬥及追逐的遊戲，也常常會自己發明一些獨特的遊戲；而母親

則較會一成不變地帶孩子玩著可靠的遊戲，像是躲貓貓、看書，或是玩玩具和猜謎遊戲。

父親這種粗野風格的「玩鬧」，為孩子提供了一個學習情緒的重要途徑。像是將孩子高舉過頭轉圈，或讓寶貝「坐飛機」，這種遊戲會讓孩子體驗到一點害怕、但同時又感覺很刺激。孩子會學著留意父親的暗示，並對爸爸做出反應，而學會如何從興奮中恢復平靜，並學習自我控制，把情緒保持在一個最理想的狀態。

父親融入孩子生活的最佳方法 ——「參與家庭工作」及「擅長遊戲」

研究顯示，當父親在伴侶懷孕時就參與照顧，有助於建立一連串正面的家庭互動，而能對婚姻、孩子和加強父子關係有所助益。事實上，父親想要融入孩子生活的最佳方法，就是要參與家庭工作。

心理學家羅納・勒凡特所謂的「家庭工作」，就是孩子每日的餵食、洗澡、穿衣和養育活動。勒凡特說：「藉由執

行這些傳統女性的任務，男性才能真正融入家庭。」家庭生活，不只要供給物質需要，也要滿足這些成員每一天，變化不定的身心需求。

要做個成功的父親，並不只是努力賺錢供給孩子；而是要在孩子前十八年的「成長歷程」中，接受自己所該扮演的角色——放慢腳步，才能找到正確的親子交流。

不同年齡孩子需要的關心不一樣，一般的爸爸面對十幾歲孩子房間裡傳出震耳欲聾的音樂聲時，會想吼他把音量調低；但時常與孩子相處的父親，則會說：「我從來沒聽過這種音樂耶，你可不可以幫我介紹一下？」吼他會讓孩子離你更遠，而後者，是一座溝通彼此差異的橋樑，也讓孩子願意跟你說更多。

4

多咀嚼、大腦連結，打造高效聰明腦

我家孩子真難教

王老師 FB 上不是說，1 歲後，別再吃得軟軟的？

我的食物泥及粥最營養！

王老師的神回覆

你自己吃吃看，粥如果吃一整年，會不會覺得很噁心？

之前我在網路直播時，有媽咪問，為何孩子正餐吃不好，餐後點心卻不停地塞？又或是含飯都不愛嚼……等。這讓我想到，日本研究發現，咀嚼時，可以增加大腦二十八％的血流量，讓孩子提神醒腦情緒好。研究發現，咀嚼會刺激腦部的海馬迴細胞，這是主管記憶力和學習力的區域，因此多咀嚼會提升智力和記憶力，不咀嚼則會有很多發展問題，而且被追著餵大的孩子，最不愛咀嚼。

　　如果大腦沒有從正餐咀嚼得到大量的刺激，又要維持身體的平衡，那孩子就會另闢戰場，不斷從點心、零食、餅乾，來滿足自己的熱量及大腦了。所以，正餐別吃得軟軟軟，階段性地調整孩子的硬度，就是這個意思。各位苦主，這樣大家有比較懂了嗎？

硬或酸的食物能增加咀嚼力，產生飢餓感

　　如果你覺得孩子到大了之後，再來練咀嚼能力也不遲，那真是大錯特錯。在副食品添加期，如果爸媽不重視寶寶的咀嚼能力，忽略半流質與固體食物的混合給予，而一直提供

流體食品，孩子的口腔沒有多種類的食物刺激，接著進食行為會有問題（例如：過度挑食、一直不咬就吞），最後就影響營養攝取，建立出不當的飲食習慣。

最常見到的就是一歲半後的寶寶，吃一口飯，要花上數十多分鐘，含在嘴裡不咬也不吞；或是只愛喝奶，只會吃糊狀食物，遇到稍微硬一點的東西，就馬上作噁吐出來。

很多孩子不好好吃飯是因為沒有饑餓感。除了增加活動量外，家長有時也可以在餐前，讓孩子咀嚼少量微酸或需要咀嚼的小點心，例如蔓越莓乾、堅果等，因為酸食可以提高口腔咀嚼肌的張力，讓孩子準備好來吃飯；而咀嚼硬的食物，則是先將訊息送進大腦饑餓中樞，讓大腦產生饑餓感，敲鐘準備吃飯囉！

早餐多咀嚼，幫孩子趕走起床氣

許多孩子早上上學前，會有起床氣，情緒不好。教大家一個小撇步，幫孩子早餐準備些需要咀嚼的，例如厚土司夾蛋（嘴巴需要張大）、煎蘿蔔糕（脆脆硬硬的）、奶皇包

加豆漿、海苔飯團夾玉米堅果，「咬」能幫助孩子提早醒過來，快快脫離恍神狀態。

如果你的孩子早早要上學，總是跟要上班的家長打仗，有嚴重的起床氣，給大家以下的建議。

一、前一天再早十至二十分鐘上床，避免睡眠不足造成的起床氣。

二、早上起來讓日光灑進房間或開燈。

三、別到最後一刻才讓孩子起來，這樣會讓要醒過來的時間不夠。

四、找一些起床儀式，讓孩子真正醒過來，例如：

　　※ 玩具攻擊法：利用他喜歡的玩具來叫醒他；

　　※ 音樂醒覺法：放音樂讓孩子起床；

　　※ 感統觸覺包圍法：用棉被用點力包覆重壓身體；

　　※ 感統前庭覺刺激法。抱起來跳一跳彈簧床或轉一轉等等，或在床上滾翻幾圈，都會加快孩子醒來的時間。

五、食物咀嚼法：這個方法很重要，因為早上起來準備的早餐是需要咀嚼的，會幫助孩子大腦清醒。

六、用觸覺刷、觸覺玩偶、觸覺布書法：幫助孩子一早進行

四肢刷澡的動作，很多媽媽反應，三分鐘就可以清醒

了。

以上方法，大家都可以試試看喔！

體重為什麼這麼瘦？

　　這裡我要順便討論一下關於正餐吃不好、而造成異常瘦的孩子，因為我在臨床上常被諮詢到這類的問題。

　　其實，成長中的孩子，主要的熱量，要從澱粉、蛋白質及脂肪均衡攝取，即使孩子的咀嚼能力很差，但是如前面我們提的，他還是得維持身體的平衡，於是就會去找更多不健康的碳水化合物吃，這些零食點心，透過口腔的咀嚼，可以滿足大腦所需要的刺激，讓孩子得到快樂的感覺，但卻無法對長體重有所貢獻。

　　所以，吃很多這一類零食的孩子，我絕對不會跟他們的爸媽說：「孩子瘦瘦的有什麼關係，健康就好！」，因為我分析完他們一天吃的東西，一點都不健康，還可能影響未來長大之後的體質。

掌握關鍵時期握筆、學寫字，作業不再是煩惱

我們現在來練習寫字吧！

中班：藍鯨班

主講人：王老師

幼兒園難道除了寫字之外，就沒有其他的才藝可以教嗎？

我在前幾本書中提到，別太早讓孩子學寫字，那是揠苗助長。這一篇，我則要進階來談書寫能力培養，以免上了小學落後別人！

　　香港研究發現，日常生活裡的一些自理行為，如果不提早讓孩子練習，竟然會影響到日後的書寫力。所以，在幫孩子前，請想一想，替孩子把所有照料自己生活的事情都做好，例如：餵孩子吃飯，結果讓他少了拿湯匙的協調；幫孩子穿衣服，結果孩子的雙手不會合作；替孩子綁鞋帶，甚至黏扣帶都幫孩子，於是孩子的指尖力氣及靈活都發展不出來……等，這樣是愛孩子，還是礙孩子？

　　另外，也千萬別阻止一至三歲的亂塗鴉，因為那可是書寫的基礎，也是四至六歲書寫的內在動機。幫太多、禁止得太多，真是現在教養的通病，我們身為父母，真的常常不自覺。該如何教書寫？這一篇對爸媽及孩子很重要，一定要知道並分享。

從握筆、塗鴉到寫字的漸進式引導

小學進度真的好快，一年級下學期就在寫「歡迎」兩個字，幼稚園不先開始練字怎麼行呀！

但你知道嗎？其實塗鴉和寫字的發展是很有關係的喔！而且國內外的兒童發展學都一致認為，從孩子一歲起，就該關注塗鴉能力。所以想要孩子以後寫好字，爸爸媽媽在不同的階段就該提供正確的經驗囉！

❋ 一歲後就可以讓孩子拿筆了

沒錯，就是一歲！這時候的孩子已經可以握筆隨便畫了，只是需要大人從旁注意安全。拿筆塗鴉不但是讓孩子了解，原來手這樣動，就會畫出這樣的線條（即「視動整合」），還能讓孩子開始啟發藝術智能。

　　無毒、易清潔、易上色、粗、不易斷、不用太長，是選擇蠟筆的重點。

　　孩子這時多半會用拳握的方式握筆，多種顏色的好處是爸爸媽媽在引導時，可以跟孩子說「藍藍的天空在上面，綠綠的草地在下面」。簡單的顏色認知教學，變換不同顏色，孩子也能從中得到樂趣。

　　這時候爸爸媽媽不需要引導太複雜的圖案，只要教導孩子用點的或直（橫）線條即可。

❖ 兩歲的隨意塗鴉是必經的過程

　　這時候的孩子很喜歡畫，但畫什麼呢？自己也沒有很清楚，反正就是隨意的塗鴉，但爸爸媽媽別小看這個過程喔！

　　看看這時孩子的作品，線條已經可以連續、轉彎，也出現曲線、斜線，這都是組合一個文字所需要的。為了讓這些線條的塗鴉更輕鬆，孩子也需開始學習有效率的握筆方式，也就是加強前三指的操作力。

因為要開始加強手指的力氣，形狀太特殊的蠟筆已經不太合適。無毒、易清潔、易上色、粗、短的蠟筆相當適合這個階段孩子使用，既可以發展前三指的操作，又不會因力道控制不佳，蠟筆就斷了。

這時候引導孩子遊戲，別再只是無趣地請孩子隨意畫囉！做個簡單的連連看、著色、照著描、蓋印章、小勞作等，都有助於孩子練習手指力氣和線條圖形的認識唷！

✳ 三歲開始引導下的塗鴉與模仿

孩子自然的寫字發展，很像我們文字發展的歷程。

大家都知道古埃及文字像是用畫的，孩子大約在三歲開始會有控制的塗鴉，三點式的握筆方式已較穩，他們也會開始模仿簡單的圖形，想要學大人寫字。

不信，拿張紙讓孩子寫寫看吧！你的孩子也會產出如下之意想不到的「天書」！

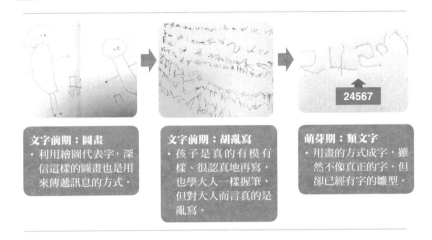

文字前期：圖畫
· 利用繪圖代表字，深信這樣的圖畫也是用來傳遞訊息的方式。

文字前期：胡亂寫
· 孩子是真的有模有樣、很認真地再寫，也學大人一樣握筆，但對大人而言真的是亂寫。

萌芽期：類文字
· 用畫的方式成字，雖然不像真正的字，但卻已經有字的雛型。

工具選擇與遊戲方法

　　這時候筆的選擇重點就是粗、不易斷，三角造型的筆當然更有利於孩子三點抓握。不論是著色、簡單形狀仿畫，孩子應該都有雛型了，但寫文字這件事就需要多感官的經歷，別傻傻地買一堆123、abc、ㄅㄆㄇ練習本，極少數的孩子才會乖乖寫。應該是讓孩子用多元的方式組成文字或形狀，例如積木、黏土、或色紙撕貼等，多看、多摸、動手仿作，很快孩子就會把文字畫出來囉！

　　不過如果孩子對於「寫作業」這件事是熱衷的，因為要等年紀大些之後才會有作業，此時不妨可以先給一些迷宮或益智遊戲的練習本，讓孩子在玩的過程中，還可以多練習如何穩定控制好筆。

❋ 四至六歲提升孩子寫字的內在動機

這時候的孩子，開始由「畫」出文字，進展成「寫」出文字。此時大人一定要記得「三不」：不嘲笑、不比較、不急於糾正，反而應該將之展示出來或拍照下來，讓孩子了解他的作品是重要、被重視的。你要知道，這對孩子可是一大突破！

接下來就是提供機會讓孩子寫，例如叫孩子在畫畫上簽名、把會寫的字寫在阿嬤的生日卡片上、記下看過的故事書書名等等，孩子如果真的有寫錯字再提醒孩子。但筆順不需要在第一時間就先糾正，因為這時期最重要的是啟發孩子寫字的興趣。

工具選擇與遊戲方法

這時候可以開始使用鉛筆，甚至有些孩子看大人拿筆也想要模仿。使用筆開始模仿幾何圖形、連線連連看、迷宮，或用色鉛筆來局部著色，都是很好的活動。

另外，將貼紙黏到幾何圖形裡會越來越精確，也是孩子可以達成的能力。這個階段，是幼兒前三指與後兩指分化的重要黃金期，工具使用可以幫助孩子掌握協調發展得更好，例如使用長尾夾、釘書機、剪刀、螺絲起子等，都是增強發展重要的遊戲活動。

孩子就是不愛寫字，怎麼辦？

很多孩子對寫字感到吃力，寫字慢吞吞或歪歪扭扭，又或容易手酸無法久寫，讓不少爸爸媽媽擔心：「別的孩子都會寫字了，為何我家孩子都不會？」，或是很生氣地想：「作業寫得亂七八糟，真想幫他全部擦掉重來一遍！」

要孩子養成良好的寫字習慣，可以參考下面的幾種方式。

一、先讓孩子愛上拿筆

幫孩子選擇短、胖、粗、好握的筆，也可以利用專業握筆器，幫孩子把紙固定好，方便孩子創作；或是準備一些美勞工具，如剪刀、水彩、色紙、膠水等等，讓孩子塗鴉發揮創意。

也許你會問，不是藝術由右腦掌控，寫字是左腦嗎？沒錯，但根據研究顯示，有足夠的塗鴉經驗，三、四歲後會開啟左腦寫字的功能喔！

二、不要太多指導或糾正

讓孩子自己去嘗試探索，創意就是用自己的方式表現自我，這樣才能培養孩子的競爭力、自信心和機智。大人要做的就是坐在旁邊欣賞，在孩子有需要時提供一些指引就好。

三、注重過程而不是結果

當家長的我們，常會問孩子：「哇！你畫的是什麼呀？是房子？好棒喔！」，或我們常會執著於事實，例如樹是綠色的，怎麼會是紫色呢？或是劃錯重點地問：「這是什麼顏色呢？」別讓孩子覺得你關心的是他為什麼想這樣畫，而不是他怎麼畫的，孩子想聽的是：「你用的顏色讓我覺得很開心耶！看看這些線條，你畫的好用心喔！」。

孩子如果是寫字，也該利用這樣的方式回應，這樣孩子才會繼續跟你分享，也更有動機書寫或畫畫。

四、給予孩子充足多變的創作材料，尤其當孩子已接近三歲

提供孩子多元的創作素材，例如棉花球、黏土、棉線，或玉米黏土、水彩、蠟筆、泡泡顏色水……等，又或是告訴

他們復活節畫彩蛋、元宵節做燈籠⋯⋯等等，這些都能讓孩子動作更精細靈活，寫字握筆也能夠更持久。還可以鼓勵孩子用這些元素表達情緒，進而穩定情緒控制能力。

五、鼓勵孩子寫字

如果孩子老是停留在亂塗鴉的階段，你可以提醒孩子寫些字，例如幫忙寫下購物清單，寫下做餅乾要用的材料等等，這會讓孩子感受到文字是多麼重要，學習文字多有意義。

六、展示孩子的作品

這樣做會讓孩子更有動機作出下一個作品。

6

「把拔，來講故事吧！」爸爸說故事，效果更好

我家孩子真難教

我都亂亂講，這樣也行？

我喜歡把拔講故事！

王老師的神回覆

把拔說故事，更能激發孩子的創造力！

英國研究發現，床邊故事，以十分鐘內效果最好，而且內容有龍、巫婆、仙女、公主更能激發興趣。哈佛大學研究也發現，父親說床邊故事，更能激發孩子抽象的能力，同時提升孩子展現更強的語言力，而且從兩歲就要開始這樣實行。這麼重要的資訊，怎麼可以不分享呢？

現代的爸爸已經和以前不一樣，有越來越多爸爸會積極參與教養孩子；也有多項的研究證實爸爸參與教養，會增加孩子的學習態度、學校表現、自尊、同理心、生活技巧和社會競爭力等。

但你一定沒想到，傳統上都認為女孩的語言發展比男孩好，研究卻發現，爸爸更是孩子語言和語文能力發展的推手！

即席發揮，更能激發想像力

我長年在推廣親子共讀，因為覺得睡前床邊故事對孩童的語言能力、認知發展、專注力提升，都有很大幫助。美國最新研究發現，連「是誰」講故事都會有不同影響。研究指出，這是由於媽媽和爸爸說故事的方法有下列幾點不一樣：

※ 媽媽說故事，看了文字便開始說；爸爸說故事，經常是簡單掃過文字、看了圖片就開始說。

※ 媽媽說故事會考量到孩子現在語言發展到什麼程度，轉成適合孩子的語言開始說；爸爸說故事是想到什麼就說什麼，不一定會貼切運用孩子聽得懂的語言字彙（因為媽媽和孩子相處時間較長，比較了解孩子語言發展）。

※ 媽媽比較像老師，會問具體問題（這點跟我家的媽媽一樣），也就是討論內容是當場或書本可見之事物，我們稱為「即時話語（immediate talk）」；而爸爸較常以抽象的說法詢問，能開發孩子思考及想像力（跟我一樣，我也都不照章節講），也就是常討論非書本或當場可見之事物，例如預測故事情節發展、說明解釋與書本內容相關的知識等等，我們稱之為「非即時話語（non-immediate talk）」。研究顯示，說故事時運用較多的「非即時話語」，對孩子的語言發展越有幫助。

因此就上述這幾點看來，爸爸說故事，對孩子的效果更好。

讓女兒的語言能力突飛猛進

此外，說故事的「對象」也有不同的影響。除了父親講故事比母親合適外，對「女兒」說床邊故事也更具有正向的影響力，且應在孩子兩歲前就開始講故事給他們聽。

研究發現，聽父親講故事超過一年以上的女兒，在語言能力上有明顯進步。這有可能是因為性別認同的效應，女孩看到男人說故事，在情感上的刺激效應會更大，所以要持之以恆，不能半途而廢。

關於親子共讀，我最常被問的就是：「孩子老是跑來跑去」、「聽個幾頁就沒興趣了！」，或「我是個不會說故事的媽媽，怎麼辦？」該怎麼帶孩子進入早期閱讀的領域呢？

我認為沒有一個爸爸媽媽不會講故事，既然是關起房門來說故事，就只有你跟孩子而已，場景輕鬆，應該卸下你平常管教的包袱，故事可以結合生活、遊戲、音樂、圖畫及動作，模式很多，沒有一套標準。加大你的聲音、豐富你的手勢及臉部表情，何必照著文字上的描述來教你的孩子？！

我的教養秘密

別擔心孩子受挫折，逆境力，才是孩子一輩子受用的禮物。

別把重心只放在小孩子身上，找回媽媽的興趣和夢想，孩子才可以能量滿滿。

我的教養秘密

別將「哥哥要讓妹妹掛在嘴上」，鼓勵健康的衝突，公平處理才是好的教育方式。

這樣說會更好：「如果能想辦法把哭哭蟲趕走，就是很棒的表現。我陪你一起加油！」

教養生活 068

教養的秘密：無效管教OUT，科學育兒IN，兒童發展專家王宏哲的新世代教養術
【全新作者序15萬本暢銷版】

作　　　者——王宏哲
主　　　編——郭香君
責任企畫——張瑋之
封面、內頁版型設計——比比司設計工作室
封面人像照提供——惠氏S-26金幼兒樂
插　　　畫——瘋熊

編輯總監——蘇清霖
董 事 長——趙政岷
出 版 者——時報文化出版企業股份有限公司
　　　　　　108019台北市和平西路3段240號4樓
　　　　　　發行專線—（02）2306-6842
　　　　　　讀者服務專線—0800-231-705・（02）2304-7103
　　　　　　讀者服務傳真—（02）2304-6858
　　　　　　郵撥—19344724 時報文化出版公司
　　　　　　信箱—（10899）臺北華江橋郵局第九九信箱
時報悅讀網——http://www.readingtimes.com.tw
綠活線臉書——http://www.facebook.com/readingsgreenli

法律顧問——理律法律事務所　陳長文律師、李念祖律師
排　　　版——極翔企業有限公司
印　　　刷——勁達印刷有限公司
二版一刷——2021年7月23日
二版二刷——2021年8月10日
定　　　價——新台幣399元

教養的秘密：無效管教Out,科學育兒In,兒童發展
專家王宏哲的新世代教養術【全新作者序15萬
本暢銷版】/ 王宏哲作. -- 二版. -- 臺北市：時報
文化, 2021.07
面；　公分. --（教養生活；68）
ISBN 978-957-13-9101-4（平裝）

1.親職教育　2.子女教育

528.2　　　　　　　　　　　110008806

ISBN 978-957-13-9101-4
Printed in Taiwan